KT

Kaiser Taschenbücher

147

Birgit Schreiber
Amtsstraße 31
38448 Wolfsburg
Tel. 05363/7773

D1865144

Karl-Heinrich Bieritz

Grundwissen Theologie: Die Bibel

Gütersloher Verlagshaus

Die Deutsche Bibliothek – CIP-Einheitsaufnahme

Bieritz, Karl-Heinrich:
Grundwissen Theologie: die Bibel / Karl-Heinrich Bieritz. –
Gütersloh : Gütersloher Verl.-Haus, 1996
(Kaiser Taschenbücher ; 147)
ISBN 3-579-05147-4
NE: GT

ISBN 3-579-05147-4
© Gütersloher Verlagshaus, Gütersloh 1996

Das Werk einschließlich aller seiner Teile ist urheberrechtlich geschützt. Jede Verwertung außerhalb der engen Grenzen des Urheberrechtsgesetzes ist ohne Zustimmung des Verlages unzulässig und strafbar. Das gilt insbesondere für Vervielfältigungen, Übersetzungen, Mikroverfilmungen und die Einspeicherung und Verarbeitung in elektronischen Systemen.

Umschlaggestaltung: Ingeborg Geith, München, unter Verwendung einer Abbildung aus dem »Gebetbuch der Heiligen Hildegard« (Bayer. Staatsbibl. München)
Satz: Weserdruckerei Rolf Oesselmann GmbH, Stolzenau
Druck und Bindung: Clausen & Bosse, Leck
Gedruckt auf chlorfrei gebleichtem Werkdruckpapier
Printed in Germany

Inhalt

Abkürzungen für die biblischen Bücher

nach: Ökumenisches Verzeichnis der biblischen Eigennamen nach den Loccumer Richtlinien. Stuttgart 21981.

Altes Testament

Gen	Das erste Buch Mose (Genesis)
Ex	Das zweite Buch Mose (Exodus)
Lev	Das dritte Buch Mose (Leviticus)
Num	Das vierte Buch Mose (Numeri)
Dtn	Das fünfte Buch Mose (Deuteronomium)
Jos	Das Buch Josua
Ri	Das Buch der Richter
Rut	Das Buch Rut
1 Sam	Das erste Buch Samuel
2 Sam	Das zweite Buch Samuel
1 Kön	Das erste Buch der Könige
2 Kön	Das zweite Buch der Könige
1 Chr	Das erste Buch der Chronik
2 Chr	Das zweite Buch der Chronik
Esra	Das Buch Esra
Neh	Das Buch Nehemia
Tob*	Das Buch Tobit
Jdt*	Das Buch Judit
Est	Das Buch Ester
1 Makk*	Das erste Buch der Makkabäer
2 Makk*	Das zweite Buch der Makkabäer
Ijob	Das Buch Hiob (Ijob)
Ps	Das Buch der Psalmen (Der Psalter)

Neues Testament

Mt	Das Evangelium nach Matthäus
Mk	Das Evangelium nach Markus
Lk	Das Evangelium nach Lukas
Joh	Das Evangelium nach Johannes
Apg	Die Apostelgeschichte des Lukas
Röm	Der Brief des Paulus an die Römer
1 Kor	Der erste Brief des Paulus an die Korinther
2 Kor	Der zweite Brief des Paulus an die Korinther
Gal	Der Brief des Paulus an die Galater
Eph	Der Brief des Paulus an die Epheser
Phil	Der Brief des Paulus an die Philipper
Kol	Der Brief des Paulus an die Kolosser
1 Thess	Der erste Brief des Paulus an die Thessalonicher
2 Thess	Der zweite Brief des Paulus an die Thessalonicher
1 Tim	Der erste Brief des Paulus an Timotheus
2 Tim	Der zweite Brief des Paulus an Timotheus
Tit	Der Brief des Paulus an Titus
Phlm	Der Brief des Paulus an Philemon

Spr	Die Sprüche Salomos (Sprichwörter)
Koh	Der Prediger Salomo (Kohelet)
Hld	Das Hohelied Salomos
Weish*	Das Buch der Weisheit
Sir*	Das Buch Jesus Sirach
Jes	Der Prophet Jesaja
Jer	Der Prophet Jeremia
Klgl	Die Klagelieder Jeremias
Bar*	Der Prophet Baruch
Ez	Der Prophet Hesekiel (Ezechiel)
Dan	Der Prophet Daniel
Hos	Der Prophet Hosea
Joël	Der Prophet Joël
Am	Der Prophet Amos
Obd	Der Prophet Obadja
Jona	Der Prophet Jona
Mi	Der Prophet Micha
Nah	Der Prophet Nahum
Hab	Der Prophet Habakuk
Zef	Der Prophet Zefanja
Hag	Der Prophet Haggai
Sach	Der Prophet Sacharja
Mal	Der Prophet Maleachi
Hebr	Der Brief an die Hebräer
Jak	Der Brief des Jakobus
1 Petr	Der erste Brief des Petrus
2 Petr	Der zweite Brief des Petrus
1 Joh	Der erste Brief des Johannes
2 Joh	Der zweite Brief des Johannes
3 Joh	Der dritte Brief des Johannes
Jud	Der Brief des Judas
Offb	Die Offenbarung des Johannes

Die sogenannten ›Apokryphen‹ des Alten Testaments, die in der Regel nicht in den Bibeln ›nach der Übersetzung Martin Luthers‹ enthalten sind, sind mit einem * gekennzeichnet.

Einblicke

Jüngste Beispiele zeigen: Mit ›Enthüllungen‹ über vorgeblich geheimgehaltene Erkenntnisse der Bibelwissenschaften lassen sich gute Geschäfte machen. Das betrifft – um nur Exempel zu nennen – die seit Jahrzehnten von der Forschung intensiv bearbeiteten Funde von Qumran; es betrifft – ganz allgemein – die unter Fachleuten sattsam bekannten, vielfach veröffentlichten Einsichten der historisch-kritischen Exegese zur Entstehung der Bibel und zur Frühgeschichte des Christentums. Wie kommt es, daß Schlagzeilen, die im Grunde – was ihren Informationswert betrifft – nicht über den Wissensstand des 19. Jahrhunderts hinausführen, noch an der Schwelle zum 21. Jahrhundert eine solch profitable Aufregung hervorzurufen vermögen? Womöglich greift man zu kurz, wenn man einfach nur mangelnde Aufklärung unterstellt und der Kirche und ihren Predigern vorwirft, sie würden Einsichten, die ihnen während ihrer Ausbildung vermittelt wurden, später verbiegen oder unterschlagen. Die Unmündigkeit, die sich in dem genannten publizistischen Umgang mit theologischem Wissen ausdrückt, hat tiefere Gründe. Sie zielt deutlich auf eine ›Entwertung‹ der hier behandelten Gegenstände – Bibel, Christentum, Kirche, Religion. Und das wiederum hat vermutlich damit zu tun, daß sich diese Gegenstände als außerordentlich sperrig erweisen, wenn es darum geht, das postmoderne Projekt der Selbstabschaffung des Menschen voranzutreiben. Manche Kirchen- und Religionskritik, die da lautstark vorgetragen wird, richtet sich insgeheim wohl gegen das Kritikpotential, das man zu Recht in den biblischen Schriften wie im christlichen Glauben vermutet.

Dieses kleine Buch hier will keine Geheimnisse enthüllen, sondern Einblicke vermitteln. Es will nicht werben, propagieren, missionieren, sondern informieren. Es verfolgt keine apologetischen Ziele, sondern will – in den Grundzügen zumindest – das offenlegen, was die theologische Wissenschaft über den Ursprung des Christentums weiß. Es richtet sich nicht an Theologen oder andere Fachleute, sondern an Leser und Leserinnen, die über keinerlei Spezialkenntnisse verfügen. Es richtet sich auch an Menschen, denen der christliche Glaube fremd ist. Noch sind die Gegenstände, mit denen es sich befaßt, überall präsent – und dies nicht nur in den oben genannten Kolportagen. Wer sich mit Geschichte, mit Philosophie, mit Literatur, mit bildender oder darstellender Kunst beschäftigt, stößt allenhalben auf die hier behandelten Sachverhalte. Um sachgerecht und unbefangen damit umgehen zu können, sind Basisinformationen nötig. Das gilt auch für den Journalisten, der sich an diese Themen wagt, für die Lehrerinnen und Lehrer, die darauf angesprochen werden, für Studierende, Schülerinnen, Schüler, die mehr wissen möchten, als in den gängigen Religionslehrbüchern steht. Einen eigenen Forschungsbeitrag leistet das Buch selbstverständlich nicht. Aber es faßt – nach bestem Wissen und Gewissen – einiges von dem knapp zusammen, was man gegenwärtig von der Bibel wissen kann und muß.

Die Bibel

Ein Buch – viele Bücher

Bibel

Wer nach den Wurzeln des Christentums fragt, nach dem, was all die vielfältigen kulturellen Hervorbringungen im Ursprung und Wesen verbindet, begegnet über kurz oder lang einem Buch. In manchen Kirchen, die er aufsucht, liegt es aufgeschlagen auf dem Altar, dem Lesepult oder der Kanzel: die Bibel. Der Name erinnert an *Byblos*, eine phönizische Stadt an der Küste des Mittelmeers, in der man mit Papyrusstauden handelte, aus deren Mark man das in der Antike sehr verbreitete Schreibmaterial gleichen Namens gewann. *Biblos*, auch *byblos* geschrieben, wird so zur Bezeichnung für die Schriftrolle, für das Buch schlechthin. Die Griechen bilden davon die Verkleinerungsform *biblion*, und die Lateiner übernehmen das Wort im Plural: *biblia*. In der Tat: Was sich hier zwischen zwei Buchdeckeln findet, ist kein Buch im herkömmlichen Sinne, sondern eine Büchersammlung, eine ganze Bibliothek.

Entstehungszeit

Wir denken uns einen Bibliothekar, der uns durch diese Sammlung führt: Die einzelnen Schriften, so erklärt er uns, sind zu recht unterschiedlichen Zeiten entstanden. Die ältesten reichen wohl – in Teilen zumindest – bis ins 8., 9. Jahrhundert vor Christus zurück, verwerten zudem noch vieles an älterem Material. Die jüngsten dürften um das Jahr 100 unserer Zeitrechnung zu Papier gebracht worden sein; eine Spanne also von etwa eintausend Jahren, die in dieser Bibliothek ihren Niederschlag findet.

Literarische Gattungen

Fast jedes literarische Genre, so fährt unser Führer fort, ist hier vertreten: Schriften geschichtlichen Inhalts, auch allerhand Sagenhaftes; dazu Gesetzbücher, Anweisungen für den Gottesdienst, manchmal bunt durcheinander. Novellen hat man entdeckt, eine Art Roman, Sammlungen von Liedern und Gedichten, Liebeslyrik, etliche Predigtbände, mit Biographischem und Geschichtlichem durchmischt. Schließlich – in der zweiten, jüngeren Abteilung – vor allem Briefliteratur, aber auch Werke, die entfernt dem entsprechen, was wir

›Lebensbeschreibung‹ nennen würden; schauen sie doch einmal selber hinein!

Verfasser Viele Schriften, so belehrt er uns weiter, führen einen Verfasser im Titel; doch verlassen kann man sich auf solche Angaben nicht. Manche Namen wurden später eingefügt. Einige der jüngeren Autoren borgten sich auch einen fremden, großen Namen. Keine Schande damals, sondern Ausdruck der Verehrung für das Vorbild und Bekenntnis zu ihm.

Überlieferungsgeschichte Überhaupt, so sagt unser Führer, sollten Sie sich von der Vorstellung lösen, es handele sich bei diesen Schriften um in sich geschlossene, einheitliche Werke, von einem Verfasser in einem Zuge niedergeschrieben. Das ist bei den wenigsten der Fall. Die meisten haben eine überaus verwickelte, langwierige Entstehungsgeschichte, wurden vielfach aus anderen, älteren Schriften zusammengefügt, wieder und wieder überarbeitet und ergänzt. Vieles, was Sie jetzt nachlesen können, wurde ursprünglich mündlich überliefert, weitergesagt von Generation zu Generation, bis sich dann einer fand, der es aufzeichnete.

Sinn Die Bibel – eine Bibliothek: Keine Sammlung freilich, die dem Zufall folgt, Beliebiges aneinanderreiht. Was hier zusammengestellt wurde, stimmt auch zusammen. Es macht – so, wie es jetzt vorliegt – Sinn.

Ort 1. Die hier versammelten Schriften verbindet der gleiche geographische und geschichtliche Ort. In ihrem älteren Bestand sind sie literarische Zeugnisse der Geschichte, der Kultur und der Religion eines Volkes, das auf der schmalen Kulturlandbrücke zwischen der Sinaihalbinsel und Syrien am Rande des Mittelmeers siedelte. Und in ihrem jüngeren Bestand zeugen sie von einer geschichtlichen Gestalt, die aus diesem Volke hervorging. Sie zeugen von der religiösen Bewegung, die Jesus aus Nazareth in den Städten und Landschaften rings um das Mittelmeer auslöste.

Thema 2. Die hier versammelten Schriften verbindet das gleiche Thema: Sie reden von der Gegenwart Gottes in der von ihm geschaffenen Welt und von seinem Wirken in der Geschichte. Das Volk Israel am Rande des Meeres sieht sich im Bunde mit diesem Gott, und Jesus aus Nazareth verkündet den endgültigen Anbruch seiner Herrschaft über alle Welt. Anders gesagt: Die Schriften haben dies gemein, daß sie von einer Beziehung reden, selber in einer Beziehung stehen. Die Menschen, die in diesen Schriften begegnen, beziehen sich in ihrem Selbstverständnis, in ihrem Handeln und Erleiden auf Gott. Und sie begreifen Gott – wie immer sie ihn nennen – als den, der sich in Beziehung zu ihnen setzt.

Gebrauch

3. Die hier versammelten Schriften verbindet der gleiche Gebrauch: Es sind heilige Schriften, die in Gottesdiensten gelesen und ausgelegt werden. Schriften, über denen man meditiert und betet, die man in heiligen Handlungen erinnert, in Töne faßt und ins Bild setzt. Schriften, in denen Gott sich zeigt, von sich selber spricht. Deshalb sind sie festgeschrieben in ihrem Bestand, dürfen weder erweitert noch verringert, weder ergänzt noch verkürzt werden. Als heilige Schriften sind sie zugleich Quelle und Norm jeglicher Glaubenslehre. Alle Theologie nimmt von ihnen ihren Ausgang.

Kanon

Der Sicherung ihres Bestandes dient einmal der Kanon (Maßstab, Richtschnur; ursprünglich das Rohr, die Meßrute) der biblischen Schriften. Das ist das von den meisten christlichen Kirchen anerkannte, endgültige Verzeichnis jener Bücher, denen eine für den Glauben grundlegende, normative Bedeutung zuerkannt wird. Dieser Kanon ist freilich selbst ein Produkt der geschichtlichen Entwicklung und des Ringens um die Anerkennung einzelner Schriften. Erst seit dem 4. Jahrhundert nach Christus steht der Bestand der christlichen Bibel im wesentlichen fest. Die kanonische Stellung mancher Schriften aus der jüdischen Überlieferung – der sogenannten Apokryphen (von griechisch *apokryphos* = verborgen, geheim) – ist bis heute strittig. Auch legen einzelne orientalische Nationalkirchen den Umfang des Neuen Testaments in anderer Weise fest, als dies die Großkirchen tun.

Verbal-inspiration

Der Sicherung des Bestandes dient auch die Lehre von der ›Verbalinspiration‹ der heiligen Schriften: Der jüdische Philosoph Philo von Alexandrien zum Beispiel vertrat die Auffassung, jedes Wort, ja, jeder Buchstabe der Schrift sei dem Schreiber unmittelbar von Gott eingegeben worden. Spätere christliche Theologen folgten ihm in dieser Auffassung. Die Lehre von der Verbalinspiration schien ihnen nötig, um den Wahrheitsanspruch der Bibel zu begründen. Als man begann, die biblischen Schriften einer historisch kritischen Betrachtung zu unterziehen, das heißt, sie aus dem Prozeß ihrer Entstehung heraus zu erklären, ließ sich die Lehre nur noch mühsam halten. Als Lehre von der ›Personalinspiration‹ und der ›Realinspiration‹ lebt sie jedoch weiter. Danach hat Gott die Verfasser der biblischen Bücher zu ihrem literarischen Tun bewegt und steht auch hinter dem Inhalt dessen, was sie zu Papier brachten.

Alter Bund – Neuer Bund: Zwei Testamente in einem Band

Zwei Sammlungen

Jeder, der die Bibel aufschlägt, stellt bald fest, daß er es mit zwei Sammlungen unterschiedlichen Umfangs zu tun hat. Der erste, bei weitem größere Teil trägt den Titel: *Das Alte Testament.* Das zweite, schmalere Bändchen – häufig auch als selbständige Ausgabe ediert – ist überschrieben: *Das Neue Testament.*

Testament

Unser Bibliothekar hat uns schon darauf vorbereitet, als er in seiner Sammlung einen ›älteren Bestand‹ von einem ›jüngeren‹ unterschied. Verwirrung bereitet zunächst der Begriff *Testament*: Hat hier ein Erblasser seinen letzten Willen in doppelter Weise dokumentiert? Ein Blick auf die Wortgeschichte hilft zur Klärung: *Testamentum* ist in der lateinischen Bibel, der *Vulgata*, Übersetzung des griechischen Wortes *diatheke*, das im außerbiblischen Sprachgebrauch in der Tat die letztwillige Verfügung bezeichnet. *Diatheke* wiederum ist im biblischen Zusammenhang Übersetzung des hebräischen Wortes *b^e^rit*, das im Deutschen in der Regel mit *Bund* wiedergegeben wird.

Bund

Nicht ganz ohne Grund hat freilich Martin Luther in seiner Bibelübersetzung das griechische *diatheke* als *Testament* verdeutscht, wie eine nähere Beschäftigung mit dem hebräischen *b^e^rit* zeigt: Das meint im Ursprung eben nicht die vertragliche Übereinkunft, die zwei gleichberechtigte Parteien miteinander schließen, sondern die verbindliche Anordnung, die ein Mächtigerer einem Schwächeren gegenüber trifft – eine Willenserklärung, durch die er sich ihm verpflichtet und ihn zugleich in seinen Dienst nimmt. Einer gewährt den *Bund*, der andere empfängt ihn, nimmt ihn dankbar entgegen. So sind auch die Bundesschlüsse zwischen Gott und den Menschen zu verstehen, von denen die Bibel berichtet: der Bund mit Noah (Gen 6,18; 9,12), mit Abram und seinen Nachkommen (Gen 15,18), schließlich der Bund, den Gott am Berg Sinai (Ex 19,5; 24,8; nach anderer Überlieferung am Horeb, Dtn 5,2) mit den Stämmen Israels schließt.

›Neuer Bund‹

Die Rede von einem ›neuen Bund‹, der den Sinaibund erneuern, in gewisser Weise auch ablösen soll, findet sich bereits im prophetischen Schrifttum des Alten Testaments (Jer 31,31). An diese Vorstellung können die christlichen Schriftsteller anknüpfen, wenn sie den von den Propheten verheißenen ›neuen Bund‹ durch Jesus aus Nazareth – durch sein Leben, Leiden, Sterben und Auferstehen – verwirklicht sehen (vgl. 1 Kor 12,25). Die Bezeichnung ›alter Bund‹ für die heiligen Schriften des Volkes Israel und des Judentums taucht zum ersten Mal in einem Brief des Paulus auf (2 Kor 3,14). Sie setzt sich allmählich im christlichen Sprachgebrauch durch, wie auch die Bezeichnung ›neuer Bund‹ für die Sammlung frühchristlicher Schriften, die dann mit den Schriften des ›alten Bundes‹ zur christlichen Bibel zusammengefügt werden. Bei beiden Bezeichnungen – und auch bei ihren deutschen Äquivalenten, dem *Alten* bzw. *Neuen Testament* – handelt es sich demnach um Kürzel. Die Sache, um die es jeweils in den beiden Sammlungen geht, wird gleichsam zum Buchtitel, zum Etikett, das nun für das Schrifttum des ›alten‹ und des ›neuen Bundes‹ steht.

›Alter Bund‹

Altes und Neues Testament

Gesetz, Propheten, Schriften

Es versteht sich von selbst, daß das Judentum diesem christlichen Sprachgebrauch keineswegs folgt und etwa auch seine heiligen Schriften als ›Altes Testament‹ bezeichnet. Der Name, den es seiner hebräischen Bibel gibt, deutet zugleich eine Gliederung des Inhalts an: *Tanach* als Abkürzung für *torah n^ebi'im $w^e k^e$tubim* – das Gesetz, die Propheten und die (übrigen) Schriften (bzw. *Mikra* von hebräisch *qara'* = lesen).

Schriftrollen und Kodizes: Ein Stück Textgeschichte

Handschriftliche Überlieferung

Der Bibliothekar, der uns durch seine Sammlung biblischer Bücher führt, macht uns noch auf einen weiteren bemerkenswerten Umstand aufmerksam: Keine der Schriften, so erklärt er uns, ist im Original erhalten. Jahrhunderte, Jahrtausende vor der Erfindung der Buchdruckerkunst entstanden, wurden sie wieder und wieder mit der Hand abgeschrieben; nur so war ja ihre Verbreitung überhaupt möglich. Die ältesten Abschriften, die wir besitzen, sind in der Regel durch mehrere Jahrhunderte – das bedeutet: durch Generationen von Abschreibern – von ihrem Original getrennt. Daß sich dabei Fehler einschleichen konnten, versteht sich von selbst. Manche Abschreiber, so muß man annehmen, arbeiteten in Eile, mit wenig Sorgfalt. Andere waren womöglich ihrem Gegenstand geistig nicht gewachsen, trugen deshalb den einen oder anderen Fehler in den Text ein. Wieder andere dachten vielleicht zuviel über das nach, was sie schrieben, korrigierten Stellen, die ihrer Meinung nach den ursprünglichen Sinn nicht richtig wiedergaben, schrieben so – bewußt oder unbewußt – eigene Deutungen in die von ihnen gefertigte Abschrift hinein.

Abschreibfehler

Lesarten

Wer heute eine für wissenschaftliche Zwecke bestimmte hebräische Bibel oder ein griechisches Neues Testament aufschlägt, entdeckt unter dem fortlaufenden Text auf jeder Seite einen Apparat kleingedruckter Anmerkungen. Da sind zu jedem Vers die abweichenden Lesarten der verschiedenen Handschriften, in denen der Text überliefert ist, zusammengestellt. Das bedeutet auch: Der Text, der darüber steht, ist im Grunde ein Konstrukt, das der Herausgeber bzw. Bearbeiter aufgrund der jeweils zur Textstelle vorliegenden handschriftlichen Überlieferungen hergestellt hat. Und jeder, der mit diesem Text arbeiten will, muß im Prinzip diesen Vorgang wiederholen: Indem er mit Hilfe des textkritischen Apparates die Entscheidungen des Herausgebers überprüft, stellt er in einem ersten Arbeitsschritt sich *seinen* Text – von dem er annimmt, daß er der Urschrift möglichst nahe kommt – zunächst zusammen.

Textkritik

Material: Papyrus und Leder

Gerne klärt uns der Bibliothekar auch über die technischen Einzelheiten dieses Überlieferungsprozesses auf: Das Material, auf das geschrieben wurde, bestand zuerst entweder aus Papyrus oder aus Leder. Aus beiden Materialien wurden Schriftrollen gefertigt, die durchschnittlich acht bis zehn Meter lang waren, aber auch erheblich verlängert werden konnten. Sie setzten sich aus Bögen zusammen, die miteinander verleimt oder vernäht wurden. Zum Lesen brauchte man beide Hände; die eine hielt die Rolle, die andere zog die beschriebenen Seiten am Auge vorüber und rollte das Gelesene wieder auf. Die alttestamentlichen Bücher muß man sich

Schriftrollen

ursprünglich als solche Schriftrollen vorstellen. Ihre durchschnittliche Länge war zugleich so etwas wie das Maß für ein einzelnes Buch.

Papyrusfragmente

Leder, so belehrt uns der Bibliothekar weiter, war viel haltbarer als Papyrus; beides konnte aber nur in sehr trockenem Klima längere Zeit überdauern. Ältestes handschriftliches Zeugnis des Neuen Testaments ist ein kleines Stück aus einer Papyrus-Handschrift. Es enthält Verse aus dem Johannesevangelium, die etwa um das Jahr 120 nach Christus aufgezeichnet wurden. Aufbewahrt wird es heute in der Rylands-Bibliothek in Manchester. Das älteste uns erhaltene Bruchstück einer alttestamentlichen Handschrift ist ein Lederfragment, das um das Jahr 250 vor Christus hergestellt und beschriftet wurde und Teile des Buches Exodus enthält. Man fand es zusammen mit anderen alten Handschriften in einer Höhle am Toten Meer, in der Nähe der Ruinenstätte von Qumran. Als 1947 hier Schriftrollen und Fragmente entdeckt wurden, die Teile des Alten Testaments enthielten, dazu Kommentare zu biblischen Büchern und Schriften der sogenannten Sekte von Qumran – handschriftliche Zeugnisse, die erheblich älter waren als die bislang bekannten Aufzeichnungen , war dies eine wissenschaftliche Sensation. Die Funde bestätigten oft in erstaunlicher Weise die Zuverlässigkeit des überlieferten, heute gebräuchlichen Bibeltextes, wenn sie natürlich auch neue Lesarten und Textvarianten beisteuerten.

Lederfragmente

Funde von Qumran

Erfindung des Pergaments

Der Kodex als neue Buchform

Die Erfindung des Pergaments, das durch eine besondere Technik aus Leder gewonnen wurde, ermöglichte auch eine neue Buchform, den *Kodex*: Man konnte jetzt die einzelnen Blätter in Lagen zusammenheften, konnte sie, so wie wir das von unseren Büchern kennen, umblättern, konnte so mehrere biblische Bücher, ja, die gesamte Bibel in einem Band vereinigen. Auch Papyrus konnte man prinzipiell nach dieser neuen Technik verarbeiten, wie Belege aus den ersten Jahrhunderten nach Christus zeigen; und es waren wohl die christlichen Gemeinden, die zunächst auf Papyrus als den wesentlich billigeren Schreibstoff angewiesen blieben. Es waren auch die Christen, die für ihre Schriften die Form des *Kodex* wählten; im Judentum hielt man noch länger an der Papyrus- bzw. Lederrolle fest. Seit dem 4. Jahrhundert nach Christus wurde Papyrus als Schreibstoff zunehmend von Pergament verdrängt, und anstelle der Schriftrolle kam der *Kodex* als Buchform nun allgemein in Gebrauch.

Biblische Handschriften Bedeutende biblische Handschriften, deren Siglen (Kurzbezeichnungen) sich immer wieder in den textkritischen Apparaten finden, sind unter anderem: (1) der *Codex Sinaiticus* aus dem 4. Jahrhundert nach Christus, von dem Gelehrten Konstantin von Tischendorf 1854 bzw. 1859 im Katharinenkloster auf dem Sinai entdeckt; (2) der *Codex Vaticanus* als älteste erhaltene Pergamenthandschrift, geschrieben um das Jahr 350 nach Christus in Ägypten, nachweisbar seit 1475 in der Vatikanischen Bibliothek in Rom; (3) der *Codex Alexandrinus*, um die Mitte oder gegen Ende des 5. Jahrhunderts nach Christus entstanden, heute im Britischen Museum in London; (4) der *Codex Ephraimi rescriptus*, vermutlich im 5. Jahrhundert nach Christus in Ägypten entstanden, nur als *Palimpsest* erhalten: Weil Pergament teuer war, radierte man manchmal einen Text aus und schrieb einen anderen darüber; (5) der *Codex Bezae Cantabrigiensis*, die älteste erhaltene zweisprachige Bibelhandschrift in Griechisch und Latein, zwischen dem 4. und 6. Jahrhundert nach Christus entstanden.

Die ersten vier der genannten *Kodizes* enthielten ursprünglich den gesamten Bibeltext, weisen aber heute Lücken unterschiedlichen Umfangs auf.

Die Sprachen der Bibel

Altes Testament Die Geschichte der Bibel ist zugleich eine Geschichte ihrer Übersetzungen. Schon das Alte Testament ist ein zweisprachiges Buch: Der weitaus größte Teil ist in Hebräisch verfaßt, einer westsemitischen Sprache. Die israelitischen Stämme, die

Hebräisch in das Kulturland zwischen Jordan und Mittelmeer einwanderten, übernahmen sie von den dort anässigen Bewohnern. Ursprünglich war ›Hebräer‹ wohl weniger eine sprachliche als eine soziologische Kategorie, die die Zugehörigkeit zu einer niederen, abhängigen sozialen Schicht bezeichnete.

Zwischen dem 6. und 4. Jahrhundert vor Christus setzte sich

Aramäisch zunehmend das Aramäische, eine dem Hebräischen verwandte, im Vorderen Orient stark verbreitete semitische Sprache, als Umgangssprache im Lande durch. Zwei Drittel des altestamentlichen Danielbuches (Dan 2,4b-7,28), dazu noch einige andere Texte (Esr 4,8-6,18; 7,12-26) sind in Aramäisch verfaßt. Obwohl zur Zeit Jesu das Hebräische im Volk kaum noch gesprochen wurde, konnte es sich dennoch als Kultsprache und Sprache der heiligen Schriften behaupten. Für die zahlreichen Juden, die durch Auswanderung und Vertreibung infolge politisch-kriegerischer Ereignisse über große Teile der damals bekannten Welt zerstreut wurden (griechisch *diaspora* = Zerstreuung), war es schwierig, die heiligen Schriften in der Sprache ihrer Väter zu lesen. Sie sprachen überwiegend die *Koine* (griechisch: allgemeine Sprache, Weltsprache), die aus dem klassischen Griechisch hervorgegangene Amts-, Geschäfts-, Kultur- und Umgangssprache rund um den Mittelmeerraum und darüber hinaus. Ihrem Bedürfnis, die heiligen Schriften in einer Sprache lesen zu können, in der sie lebten und die sie verstanden, verdankt sich die *Septuaginta* (lateinisch ›siebzig‹, abgekürzt LXX), die griechische Übersetzung des Alten Testaments.

Koine-Griechisch

Der Überlieferung nach wurde sie von zweiundsiebzig Übersetzern in zweiundsiebzig Tagen im Auftrag des ägyptischen Herrschers Ptolemäus II. (283-246 vor Christus) auf der Insel Pharos für die Bibliothek zu Alexandrien geschaffen. Sie entstand zu einer Zeit, als die Kanonbildung im Judentum noch im Gange war, und enthält auch die sogenannten *Apokryphen* (vgl. S. 00). Das sind Schriften, die nicht im hebräischen Kanon enthalten und darum in ihrer kanonischen Stellung umstritten sind (so die Bücher Tobit und Judit, die Makkabäerbücher, das 3. Esrabuch, das Buch der Weisheit, das Buch Jesus Sirach, den Propheten Baruch, den Brief des Jeremias, das Gebet Manasses, sowie Zusätze zum Ester- und Danielbuch). Eine besondere Bedeutung gewann die Septuaginta dadurch, daß sie die Bibel der frühen Christenheit wurde. Für das Verständnis des Neuen Testaments und seiner Sprachgestalt ist sie darum unentbehrlich.

Septuaginta

Apokryphen

Sämtliche Schriften des Neuen Testaments sind – bei erheblichen stilistischen Unterschieden im einzelnen – im Koine Griechisch verfaßt. Schriftliche aramäische Vorlagen lassen sich bis jetzt nicht nachweisen. Dennoch haben Jesus und seine Jünger aramäisch gesprochen. Das wird auch durch einzelne aramäische Wendungen und Begriffe, die sich im Neu

Neues Testament: Koine-Griechisch

en Testament wie im späteren gottesdienstlichen Gebrauch erhalten haben, bezeugt. Aramäisch wird auch die Sprache der ersten christlichen Gemeinden auf dem Boden Palästinas gewesen sein. Doch finden sich Hinweise auf eine sehr frühe Zweisprachigkeit, zum Beispiel in der Jerusalemer Gemeinde: Weil es hier offenbar zu Unstimmigkeiten kam, mußte für griechisch sprechende Christen eine eigene Organisationsform entwickelt werden (Apg 6,1-7).

Latein Koine-Griechisch war auch in Rom und Nordafrika im 1. und 2. Jahrhundert nach Christus die herrschende Umgangssprache. Die christlichen Gemeinden Roms feierten ihre Gottesdienste bis ins 3. Jahrhundert hinein in griechischer Sprache, und erst im 4. Jahrhundert vollendete sich in der Liturgie der Übergang zum Latein. Doch setzte bereits gegen Ende des 2. Jahrhunderts ein Relatinisierungsprozeß – die Rückkehr zur lateinischen Sprache auch im Alltag – ein. Im 2. Jh. kam es auch zu den ersten lateinischen Bibelübersetzungen, die man unter der Bezeichnung *Vetus Latina* (= alte lateinische Bibel) zusammenfaßt. Haupttypen sind die in Italien (darum *Itala* genannt) und Nordafrika (*Afra*) entstandenen Übersetzungen. Greifbar für uns vor allem in gottesdienstlichen Texten und bei den führenden theologischen Schriftstellern, den Kirchenvätern, wiesen sie manche Unzulänglichkeiten auf. Dem lateinischen Kirchenvater Hieronymus (gestorben 420) verdanken wir die *Vulgata* (lateinisch: ›die Allgemeine‹) als bis in die Neuzeit maßgebliche lateinische Übersetzung der Bibel. Hieronymus revidierte Teile der *Vetus Latina* unter Berücksichtigung des griechischen Textes und übersetzte das gesamte Alte Testament nach der hebräischen Vorlage.

Vetus Latina

Vulgata

Lutherbibel Deutsche Bibelübersetzungen – sämtlich nach der *Vulgata* – gab es auch schon vor Martin Luther (1483-1546). Sein Verdienst ist es, zunächst das Neue Testament (1522), dann das Alte Testament (Gesamtbibel 1534) jeweils nach dem griechischen bzw. hebräischen Urtext sprachschöpferisch und sprachprägend ins Deutsche übertragen zu haben. Die Übersetzung Luthers erfuhr zahlreiche Revisionen (zuletzt 1957-1984), so daß die jetzt gebräuchlichen Lutherbibeln nur noch bedingt die originale Sprache Luthers spiegeln.

Der Alte Bund

Wie alles begann

»Am Anfang schuf Gott Himmel und Erde«: Mit diesen Worten beginnt die Bibel. Und es beginnt zugleich der für Juden wie Christen wichtigste, ehrwürdigste Teil des Alten Testaments, der *Pentateuch* (auf deutsch: das ›Fünfbändebuch‹), auch *Tora* – Anweisung, Unterweisung, Gesetz – genannt. Der Überlieferung nach gehen die fünf Bücher auf Mose zurück, den Mann, der das Volk Israel aus der Knechtschaft in Ägypten herausführte. Meist werden sie nach ihrer lateinischen Bezeichnung zitiert: *Genesis* (›Entstehung‹), *Exodus* (›Auszug‹), *Leviticus* (das ›levitische‹, den Stammes- und Kultpriesterverband der Leviten betreffende Buch), *Numeri* (›Zahlen‹), *Deuteronomium* (zweites, wiederholtes Gesetz). **Pentateuch**

Der *Pentateuch* beginnt mit der göttlichen Erschaffung der Welt und endet mit der Schilderung von Moses Tod: Mose steigt auf den Berg Nebo, von dem aus er das verheißene Land jenseits des Jordanflusses bis zum Meer überschauen kann, auf das er seinen Fuß aber nicht mehr setzen wird. Erst sein Nachfolger Josua wird das Volk über den Jordan führen.

Die Schilderung dieses Ereignisses läßt sich jedoch unter historiographischen wie literarischen Gesichtspunkten nur schwer als Zäsur begreifen. Und so hat es denn auch in der alttestamentlichen Forschung nicht an Versuchen gefehlt, den *Pentateuch* anders abzugrenzen bzw. Teile daraus in größere literarische Zusammenhänge einzuordnen. **Abgrenzung und Zusammenhang**

Manche ordnen den fünf Mosebüchern noch ein sechstes Buch, das Buch Josua, zu. Sie sprechen dann vom *Hexateuch*, dem ›Sechsbändebuch‹, das ursprünglich auch noch den Anfang des Richterbuches umfaßt haben soll. **Hexateuch**

Wieder andere sind der Meinung, daß bereits mit dem fünften Mosebuch, dem *Deuteronomium*, eine literarische Einheit eigener Art beginnt: das sogenannte *deuteronomistische Geschichtswerk*, das mit einem Rückblick auf die Wüstenwanderung des Volkes und den Bundesschluß am Berge Horeb einsetzt und dann – im Buch Josua, im Buch der Richter, in den **Deuteronomistisches Geschichtswerk** beiden Büchern Samuel und in den beiden Königsbüchern – die Geschichte Israels von der Landnahme in Palästina bis hin zur Eroberung Jerusalems durch die Babylonier im Jahre 587/586 vor Christus schildert.

Innerhalb des Pentateuch kann man wiederum eine Fülle kleinerer und größerer literarischer Einheiten und Zusammenhänge unterscheiden:

Urgeschichte (Gen 1-11)

Da ist zunächst die Urgeschichte, die die ersten elf Kapitel des Buches *Genesis* umfaßt. Sie will die Zeit vor dem Beginn der eigentlichen Geschichte Israels darstellen: Gott erschafft die Welt und den Menschen, setzt ihn in einen Garten, in dem es sich gut leben läßt. Doch der Mensch und seine Frau übertreten das Gebot Gottes, essen die Frucht vom Baum der Erkenntnis und werden aus dem Garten vertrieben. Kain, der erstgeborene Sohn des ersten Menschenpaares, erschlägt seinen Bruder Abel. Als die Bosheit der Menschen überhandnimmt, beschließt Gott, sie durch eine große Flut zu vernichten. Nur der rechtschaffene Noah wird verschont; er erhält die Weisung, für sich und seine Familie und die Tiere – von jeder Art ein Paar – eine Arche zu bauen. Doch die Bosheit der Menschen setzt sich fort: Sie bauen einen Turm, mit dem sie den Himmel erreichen wollen. Gott vereitelt ihre Absicht, indem er ihre Sprache so verwirrt, daß keiner mehr den anderen versteht.

Vätergeschichten (Gen 12-50)

Der Urgeschichte folgen die Vätergeschichten (Gen 12 bis 50). Abram wird von Gott erwählt, der Ahnherr eines großen Volkes – des Volkes Israel – zu sein. Im hohen Alter erst wird ihm sein Sohn Isaak geboren. Der wiederum ist der Vater des Jakob (der später den Namen Israel erhält). Dessen zwölf Söhne gelten als die Ahnherren der zwölf Stämme Israels.

Josefsgeschichten

Eine Einheit eigener Art – fast einen Roman – bildet der Geschichtenkranz um Josef, den Sohn Jakobs, der von seinen Brüdern nach Ägypten verkauft wird, dort zu hohen Ehren gelangt und sch1ießlich Vater und Brüder – sie lassen sich danach ebenfalls in Ägypten nieder – vor dem Verhungern rettet.

Auszugsgeschichten (Ex 1-15)

An die Vätergeschichten schließt sich die Überlieferung vom Auszug Israels aus Äypten und vom Bundesschluß am Berge Sinai an: Nach dem Tode Josefs verschlechtert sich die Lage der dort ansässigen Nachfahren Jakobs. Sie müssen Zwangsarbeit für die Ägypter leisten. Weil sie sich dennoch stark vermehren, befiehlt der Pharao, alle neugeborenen Knaben der

Israeliten zu töten. Mose, von seiner Mutter auf dem Nil ausgesetzt, entgeht diesem Schicksal. Herangewachsen, erhält er von Gott den Auftrag, sein Volk aus Ägypten zu führen.
Die Geschichte dieser Befreiung erzählt das Buch *Exodus*: Gott muß erst allerhand Plagen – Seuchen, Unwetter, Schädlinge und anderes – über Ägypten kommen lassen, bevor der Pharao das Volk ziehen läßt. Als er ihm dann doch nachsetzt, geht er samt seinem Heer im Schilfmeer zugrunde. Am Berg Sinai schließt Gott einen Bund mit dem Volk und teilt ihm seinen Willen mit, gebündelt in jenen grundlegenden Satzungen, die dann als *Dekalog* (›Zehnwort‹, die ›Zehn Gebote‹) in die Geschichte eingegangen sind.

Bundesschluß am Sinai

Eine solche Bündelung des Inhalts täuscht freilich einen Erzählzusammenhang vor, der so im *Pentateuch* nur sehr gebrochen begegnet. Schon in das Buch *Genesis* sind allerhand Listen, Notizen, Anekdoten und andere Einzelüberlieferungen eingebaut, die es schwer machen, es als eine fortlaufende ›Geschichte‹ zu lesen. Das Buch *Exodus* besteht zu großen Teilen (Kapitel 20,22-23,19; 25-31; 35-40) aus Gebots-und Rechtssätzen. Das ganze Buch *Leviticus* enthält Anordnungen kultrechtlichen Charakters. Erst im Buch *Numeri* finden sich wieder größere Erzählzusammenhänge (ab Kapitel 10,11), die von den Schwierigkeiten, Versuchungen und Kämpfen berichten, die das Volk Israel bei seiner Wanderung durch die Wüste zu bestehen hat. Aber auch dabei werden immer wieder Gesetzestexte, Listen und anderes eingeschoben.

Einzelüberlieferungen

Listen

Rechtstexte

Überlieferungen

Durch unseren Bibliothekar zu genauer Lektüre der ersten Seiten der Bibel angehalten, stellen wir bald schon fest: Hier wird die Erschaffung der Welt und des Menschen nicht nur einmal, sondern zweimal erzählt, und zwar jeweils auf eine höchst unterschiedliche Weise.

Schöpfungserzählungen

Die erste Schöpfungserzählung (Gen 1,1-2,4a) gliedert die Schöpfung, auf Ordnung und Vollständigkeit bedacht, in sechs Tagewerke. Zuletzt, bevor sich Gott am siebten Tage der Muße hingibt, wird der Mensch erschaffen. In dieser Erzählung schimmert deutlich eine Spielart des antiken Weltbildes durch: Die

Erde ist eine Scheibe, über die sich der Himmel wie eine Glokke wölbt; beide – Erde und Himmel – sind von Wasser umgeben.

Von solchem, in gewisser Weise wissenschaftlichem Ordnungsinteresse spürt man in der zweiten Erzählung (Gen 2,4b-25) nichts. Sie ist urtümlicher, naiver, anschaulicher. Sie erzählt, wie Gott den Menschen und seine Frau ins Leben ruft, wie er den beiden einen Garten pflanzt, wie er ihn mit Tieren bevölkert.

Unterschiedliche Überlieferungen

Nach Meinung der Ausleger des Alten Testaments gehören die beiden Schöpfungserzählungen in der Tat unterschiedlichen Überlieferungen an, die erst zu einem späteren Zeitpunkt miteinander verbunden wurden. Die Forscher erklären solche und ähnliche Eigentümlichkeiten des *Pentateuch* mit Hilfe einer Quellentheorie: Danach gehört die erste Schöpfungserzählung zur ›Priesterschrift‹ (6. oder 5. Jahrhundert vor Christus), die zweite Schöpfungserzählung zur sicher älteren Quellenschicht des ›Jahwisten‹, der so heißt, weil er von Anfang an den Gottesnamen *Jahwe* verwendet.

Jahwename

Jahwe ist der Name, unter dem Gott sich dem Mose offenbart: »Ich werde sein, der ich sein werde« (Ex 3,14). Man scheut sich später, den Namen auszusprechen, und liest stattdessen *adonaj*, »mein Herr«. Schon die *Septuaginta* übersetzt *Jahwe* mit *kyrios*, ›Herr‹. Luther folgt ihr darin; in der Regel verbirgt sich in dem von ihm übersetzten Alten Testament hinter der Gottesbezeichnung ›Herr‹ der Jahwename.

Quellenschichten im Pentateuch

Der *Pentateuch* ist kein Buch im modernen Sinne, nach einheitlichem Entwurf niedergeschrieben. Er ist vielmehr, so meinen die Forscher, aus mehreren Quellenschriften zusammengewachsen. Außer dem *Jahwisten* und der *Priesterschrift* nennen sie noch das *Deuteronomium* (7. Jahrhundert oder früher) sowie weitere, kaum sicher datierbare Traditionsstücke (in der älteren Literatur zum Beispiel den *Elohisten*, der zunächst die allgemeinere Gottesbezeichnung *Elohim* benutzt und den Jahwenamen erst nach Ex 3,14 eingeführt haben soll).

Die einzelnen Quellenschichten haben wiederum zahllose Einzelüberlieferungen aufgenommen und jeweils in einen fortlaufenden Zusammenhang gebracht. Dabei lassen sich deutlich unterschiedliche Interessen erkennen.

Jahwist

Der *Jahwist*, auf den große Teile der Urgeschichte (Gen 2-11) zurückgehen, ordnet die Geschichte seines Volkes in einen universalen, menschheitsgeschichtlichen Zusammenhang ein, der durch einen sich wiederholenden Dreischritt gekennzeichnet ist: Schöpfung bzw. Bewahrung durch Gott – Abfall der Menschen – Gericht Gottes über die Menschen. Erst mit der Vätergeschichte, der Vorgeschichte Israels, setzt eine neue, positive Entwicklung ein. Aber auch hier muß Gott seinen geschichtlichen Plan mit Israel immer wieder gegen innere wie äußere Bedrohungen durchsetzen.

Deuteronomium

Einer eigenen Quellenschicht werden die wesentlichen Bestandteile des Buches *Deuteronomium* zugeordnet. Manche sehen es in einem Zusammenhang mit dem Gesetzbuch, das nach 2 Kön 22,8 während der Regierungszeit des Königs Josia (639-609 vor Christus) in Jerusalem aufgefunden wird. Die Intentionen, die das *Deuteronomium* vertritt, entsprechen jedenfalls den Zielen, die Josia mit seinen tiefgreifenden religiösen wie politischen Reformen verfolgt: Der Kultus wird in Jerusalem zentralisiert, andere Heiligtümer im Lande werden aufgehoben, dem Jahweglauben fremde Elemente werden ausgeschieden. Bedeutsam sind auch die sozialen, auf den Schutz der Schwachen gerichteten Bestimmungen, die das *Deuteronomium* trifft.

Priesterschrift

Die *Priesterschrift* ist, wie schon ihr Name sagt, stark von den Interessen gelehrter priesterlicher Kreise bestimmt, die das Leben der jüdischen Gemeinde nach ihren Vorstellungen regeln wollen. Kennzeichnend ist eine ausgearbeitete Chronologie, die konsequent durchgehalten wird. Der Erzählstoff wird gestrafft und in Gestalt zahlreicher Stammbäume gebündelt, auch immer wieder eng mit Gesetzestexten verknüpft. Die *Priesterschrift* – manche wollen auch nur eine »priesterliche Bearbeitung des Pentateuch« gelten lassen – ist vermutlich bei den nach Babylon exilierten Priestern oder – nach anderer Ansicht – im Kreise ihrer bereits wieder nach Jerusalem zurückgekehrten Kollegen entstanden.

Heilsgeschichtlicher Sinn

Dennoch läßt sich der *Pentateuch* sehr wohl auch als Einheit begreifen und lesen: Er hält die grundlegenden geschichtlichen Gotteserfahrungen des Volkes Israel fest. Er begründet den Anspruch des Volkes auf das Land, das ihm von Gott zugewiesen ist. Er enthält die Urkunden des Bundes, den Gott mit dem Volk geschlossen hat, und in diesen Urkunden das Gesetz, an dem das Leben des Volkes hängt. Für Israel ist der

Pentateuch Geschichtsbuch, Gesetzbuch, Gottesdienstbuch und Lehrbuch zugleich. Sein Zentrum bildet die Überlieferung von der Befreiung des Volkes aus Ägypten und vom Bundesschluß am Berg Sinai.
Beides ist in eigener Weise auch zum Ansatzpunkt christlicher Lehrbildung geworden. Christen begreifen die hier überlieferten Gotteserfahrungen als wesentlichen Teil ihrer eigenen Heilsgeschichte. Für sie gelangt das befreiende Handeln Gottes in der Geschichte von Jesus Christus – seinem Leben, Leiden, Sterben und seiner Erhöhung – an sein Ziel.

Geschichte und Geschichten

Geschichte Israels

Wer das Alte Testament liest, gewinnt aus seinen geschichtlichen Teilen ein Bild der Geschichte Israels: Wie es unter der Führung des Mose aus Ägypten aufbricht, durch die Wüste wandert, dann das Land am Jordan einnimmt, das ihm Gott verheißen hat, und es unter sich aufteilt. Es folgen blutige Kämpfe mit den Bewohnern des Landes und mit den Nachbarvölkern. Saul, der erste König, den sich die israelitischen Stämme geben (etwa 1012-1004 vor Christus), scheitert im Kampf mit den Philistern. David, der nach ihm zur Macht gelangt (1004-965), begründet ein großisraelitisches Reich. Nach dem Tode seines Sohnes Salomo (965-926) zerfällt es wieder in die beiden Teile, die unter David in Personalunion verbunden waren: In Juda, dem Südreich mit der Hauptstadt Jerusalem, regieren die Nachfahren Davids. In Israel, dem Nordreich mit der Hauptstadt Samaria, gelangen wechselnde Dynastien zur Herrschaft. Im Jahre 722 vor Christus wird Samaria von den Assyrern erobert. Teile der Bevölkerung werden weggeführt. Das Nordreich als staatliche Einheit erlischt. Das Südreich kann seine staatliche Selbständigkeit zunächst bewahren. Im Jahre 587 vor Christus jedoch fällt es endgültig dem Ansturm der Babylonier unter Nebukadnezar zum Opfer. Jerusalem wird zerstört, die Oberschicht wird – wie damals üblich – deportiert. Da die Exulanten offenbar in Babylon in geschlossenen Gruppen angesiedelt werden, können sie ihre ethnische und religiöse Identität über Jahrzehnte hin bewahren und in einer spezifischen Weise weiterentwickeln. Im

Jahre 538 vor Christus erobert der persische Herrscher Kyros das babylonische Reich. Die Deportierten und ihre Nachkommen können in ihre Heimat zurückkehren und unter persischer Herrschaft in Jerusalem einen neuen Tempel errichten.

Frühgeschichte Israels

Schwierigkeiten bereitet den Gelehrten vor allem das Bild der Frühgeschichte Israels, wie es die biblischen Schriften entwerfen. Sie zeichnen ein anderes Bild, das sich nicht unerheblich davon unterscheidet:

Landnahme

In mehreren Wellen, so sagen sie, sind nach 3000 vor Christus semitische Bevölkerungsgruppen in den »fruchtbaren Halbmond«, der sich vom Persischen Golf über Mesopotamien bis nach Syrien und Palästina erstreckte, eingedrungen. Mit der vierten Welle zwischen 1400 und 900 vor Christus gelangte ein großer Teil jener Stämme, Sippen und Gruppen nach Palästina, die dann später – bereits auf dem Boden des neuen Landes – zu der religiös-ethnischen Größe *Israel* zusammenwuchsen.

Gegen den Eindruck, den die biblischen Berichte vermitteln, vollzog sich die Landnahme relativ friedlich. Die nomadischen Gruppen sickerten allmählich in das weithin unbesiedelte Land zwischen den Stadtstaaten ein, wurden seßhaft und gewannen schließlich in einem Prozeß der Verdrängung die Vorherrschaft über große Teile des Landes. Zu blutigen Kämpfen kam es vor allem mit den Philistern, die um 1200 vor Christus von Norden und von der See her ebenfalls in das Land eingedrungen waren.

Mose-Überlieferung

Bei der Mose- und Auszugsgeschichte, so meinen die Forscher, handelt es sich um die Sonderüberlieferung einer kleineren Gruppe, der »Moseschar«, die keineswegs mit der Gesamtheit der israelitischen Stämme identisch ist. Erst im Zuge des Zusammenwachsens der verschiedenen Bevölkerungsgruppen und ihrer Überlieferungen im Kulturland gelangte die Mosegeschichte zu ihrer jetzigen, für ganz Israel grundlegenden Bedeutung.

Deuteronomistische Geschichtsschreibung

Israel hat – darin sind sich die Gelehrten weitgehend einig – eine für den Alten Orient einmalige, einzigartige Geschichtsschreibung hervorgebracht. Sie begegnet in der Bibel vor allem in Gestalt des bereits erwähnten *deuteronomistischen Geschichtswerkes*.

Beim sogenannten ›Deuteronomisten‹ handelt es sich wohl nicht um eine Einzelpersönlichkeit, sondern um eine Schule, die für aufeinanderfolgende Redaktionen sorgte. Man müßte also besser von ›den Deuteronomisten‹ sprechen. Sie haben, so nimmt man an, ihr Werk im babylonischen Exil – nach manchen auch erst nach Rückkehr in die Heimat – begonnen, wo sie das ihnen überlieferte Material sammelten und bearbeiteten. Sie halten Rückschau auf die Geschichte ihres Volkes und suchen nach einer Erklärung für die Katastrophe, in der zunächst das Nordreich und dann das Südreich endeten. Nicht die Schwäche seines Gottes, so begreifen sie, sondern eigene Schuld hat Israel in den Untergang geführt: Der Zusammenbruch war die Folge permanenter Verletzungen des Gottesbundes und des Gottesrechtes. Von wenigen Ausnahmen abgesehen, sind das Volk und seine Könige immer wieder vom Gesetz Gottes abgefallen, haben fremden Göttern gedient und den Willen Gottes mißachtet.

Darum stellen die *Deuteronomisten* das von ihnen redigierte Gesetz, das *Deuteronomium*, ihrem Geschichtswerk als Grund und Maß voran. Heil gibt es nur dort, so wollen sie sagen, wo das Volk und seine Repräsentanten dem Bundeswillen Gottes gehorsam sind. Und so rufen sie, indem sie den Abfall und seine katastrophalen Folgen schildert, das Volk zu Umkehr und neuem Gehorsam auf.

Quellen des Deuteronomisten

Unbestritten ist, daß die *Deuteronomisten,* wenn es sie denn gegeben hat, eine Fülle kleinerer oder größerer Überlieferungseinheiten vorgefunden und verarbeitet haben. Neben dem *Deuteronomium*, so heißt es, hätte ihnen vor allem eine bis zum Ende der Königszeit reichende, auf einer Königschronik basierende Geschichtserzählung bereits vorgelegen. Diese hätten sie dann um die Landnahme- und Richtererzählungen, um die Samueltraditionen, um Prophetengeschichten, um die Geschichte vom Aufstieg Davids und die Erzählung von der Thronnachfolge Davids erweitert.

Aufstieg Davids

Die Geschichten vom Aufstieg Davids und von seiner Thronnachfolge gehören ohne Zweifel zu den interessantesten Überlieferungskomplexen im deuteronomistischen Geschichtswerk: Vom Aufstieg Davids, der mit dem Niedergang Sauls verbunden ist wird 1 Sam 16,14 bis 2 Sam 5 (dazu 2 Sam 8,1-5) erzählt. David, in Bethlehem als Sohn des Isai geboren, tritt jung an Jahren als Spielmann und Waffenträger in den Dienst Sauls, besiegt im Einzelkampf den Philister Goliath, befreundet sich mit Jonathan, einem Sohne Sauls, und gewinnt an Beliebtheit im Volk. Das trägt ihm die Eifersucht und den Haß Sauls ein. David muß fliehen. Im Gebirge sammelt er eine Söldnertruppe um sich, mit der er sich zu militärischen Dienstleistungen verdingt. Der Philisterkönig von Gath macht ihn zum Statthalter von Ziklag. Nach dem gewaltsamen Tode Sauls und Jonathans, die im Kampf gegen die Philister unterliegen, läßt er sich in Hebron zum König von Juda, dem Stamm im Süden des Landes, krönen.

Als Isch-Boschet (1 Chr 8,33: Eschbaal), Sohn und Nachfolger Sauls, von seinen eigenen Offizieren ermordet wird, tragen auch die Stämme im Norden David das Königtum an. David ist nun König von Juda und Israel. Er erobert Jerusalem, damals noch unter der Herrschaft der vor den Israeliten im Lande ansässigen Kanaanäer, und macht es zu seiner Residenz. Er bricht die Vormacht der Philister, unterwirft sich die Reste Palästinas und verleibt auch angrenzende Gebiete seinem Großreich ein, das schließlich von der ägyptischen Grenze bis zum Euphrat reicht.

Thronnachfolge Davids

Die Geschichte von der Thronnachfolge Davids wird 2 Sam 6 bis 20 und 1 Kön 1 und 2 erzählt. Ob es sich dabei um eine ursprüngliche literarische Einheit handelt, ist freilich in der Forschung umstritten. Das gilt auch für die Datierung wie für die Abgrenzung im einzelnen. Eine eigene Einheit bildet die Erzählung von der Bundeslade (1 Sam 4,lb bis 7,1; 2 Sam 6), die David nach Jerusalem holt, um seine neue Residenz auch in religiöser Hinsicht aufzuwerten.

Theologische Aspekte

Vielen Auslegern gilt die Thronnachfolgegeschichte als ein Meisterwerk in literarischer wie historiographischer Hinsicht. Auch unter theologischem Aspekt ist sie interessant: Gott greift hier nicht direkt in die geschichtlichen Abläufe ein, sondern bedient sich der Beweggründe und Absichten von Menschen, um seinen Plan durchzusetzen. Nur an wenigen Stellen überhaupt läßt der Erzähler erkennen, daß er hinter dem Handeln von Menschen Gott am Werke sieht (2 Sam 11,27; 12,1.15.24; 17,14).

Kritik am Königtum

Manche sprechen vom Zeitalter der »davidisch-salomonischen Aufklärung«, das in der Erzählung seinen Ausdruck findet, und erkennen in ihr eine gewisse Nähe zum Werk des Jahwisten. In ihrer jetzt vorliegenden Gestalt dient die Thronnachfolgegeschichte gewiß dazu, das Königtum Salomos zu legitimieren; doch läßt sie auch deutlich antimonarchische Tendenzen erkennen. Das Königtum war in Israel nicht unumstritten. Kreise, in denen nomadische Traditionen lebendig waren, sahen in ihm einen Abfall von Jahwe (Ri 8,23; 1 Sam 8,7.9f.19-22; Hos 5,1).

Dynastische Wirren

Zum Inhalt: Die Saulstochter Michal, eine der Frauen Davids, bleibt unfruchtbar. David holt Bathseba, die Frau Urias, eines seiner Offziere, in sein Haus. Um den Ehebruch mit ihr zu vertuschen, läßt er Uria töten. Aus der Beziehung mit Bathseba geht Salomo hervor.

Doch bevor der die Nachfolge Davids antreten kann, haben das Königshaus und das Land noch allerhand dynastische Wirren zu bestehen. Dabei geht es insbesondere um den Anspruch, den Davids Sohn Absalom auf den Thron erhebt. Ein Aufstand gegen seinen Vater ist zunächst so erfolgreich, daß David fliehen muß. Doch die Söldnertruppen Davids erweisen sich am Ende dem Heerbann Israels, den Absalom um sich schart, überlegen. Absalom kommt ums Leben.

Am Ende der Tage Davids erhebt erneut einer seiner Söhne, Adonija, Anspruch auf den Thron. Doch höfische Kreise um Bathseba und den Propheten Nathan kommen ihm zuvor. Sie bewegen David, Salomo zu seinem Nachfolger salben zu lassen.

Chronistisches Geschichtswerk

Neben dem Geschichtswerk, das dem *Deuteronomisten* zugeschrieben wird, enthält das Alte Testament noch eine zweite umfassende Darstellung der Geschichte Israels: das *chronistische Geschichtswerk*, das die beiden Bücher der Chronik sowie die Bücher Esra und Nehemia umfaßt.

Es bietet zunächst eine lückenlose Genealogie vom erstgeschaffenen Menschen, Adam, bis auf Saul. Der Erzählzusammenhang, immer wieder von listenartigen Zusammenstellungen unterbrochen, setzt mit dem Untergang Sauls und der Salbung Davids zum König ein. Über das deuteronomistische Geschichtswerk hinaus schildert das chronistische Werk das Ende der babylonischen Gefangenschaft, die Rückkehr der Exulanten in die Heimat, den Wiederaufbau des Tempels und der Mauern Jerusalems sowie die Auseinandersetzungen der Heimkehrer mit denen, die im Lande geblieben waren. Dabei spielt insbesondere das Problem der Mischehen mit nichtisraelitischen Frauen eine Rolle.

Die Tendenz des chronistischen Geschichtswerkes ist deutlich: Tempel und Tempelkult besitzen für es eine zentrale Bedeutung. Das Königtum Davids und seiner Nachfahren wird von ihm hoch geschätzt und von allen Flecken gereinigt. Die Davidzeit erscheint in einem idealen, religiös verklärten Licht. Das Werk ist nach Meinung der Ausleger im 3./4. Jahrhundert vor Christus in Jerusalem zusammengestellt worden.

So spricht der Herr

Propheten: Sprecher Gottes

»Denn so spricht der Herr zum Hause Israel: Suchet mich so werdet ihr leben« (Am 5,4). Was sind das für Leute, die so im Namen Gottes zu reden wagen, daß unter ihren Worten Gott selber zu Wort kommt? Im Alten Testament heißen sie *nabi*: Das ist dem Wortsinn nach der ›Berufene‹ oder auch der ›Sprecher‹ – hier also der von Gott berufene Sprecher, der Gottes Willen kundgibt. In der griechischen Bibel heißt er *profetes*, Prophet. Laut Wörterbuch ist das im antiken Sprachgebrauch »der Verkündiger und Ausleger der göttlichen Offenbarung«, auch derjenige, der etwa ein Orakel mitteilt.
Im Deutschen verengt sich die Bedeutung: Luther übersetzt *profeteuein*, das die Tätigkeit des Propheten bezeichnet, vielfach mit »weissagen« und Prophetie mit »Weissagung«. So wird im allgemeinen Verständnis der Prophet zu einem, der die Zukunft voraussieht und voraussagt. Das war der Prophet in Israel jedoch keineswegs in diesem engen, mißverständlichen Sinne.

Seher und Kultpropheten

Nach älteren Vorstellungen kannte man bei den Völkerschaften des Alten Orients zwei Formen der Prophetie: Da gab es einmal die *Seher*, die mit den Nomadenstämmen umherzogen und die Weisungen der Gottheit im Traum oder in visionärer Schau empfingen. Und es gab die *Kultpropheten*, die an den Heiligtümern ansässig waren und dort ihr ekstatisches Wesen trieben; ihre Weise, der göttlichen Weisung inne zu werden, war die Entrückung. Heute wird eher zwischen ›intuitiver Mantik‹, wie sie außer in Israel auch in Mari am mittleren Euphrat und in Assyrien bezeugt ist, und ›induktiver Mantik‹(›Vorzeichenkunde‹) unterschieden. Von unterschiedlichen Formen der Prophetie weiß auch das Alte Testament zu berichten. Freilich kommt es in Israel unter dem Einfluß des Jahweglaubens zur Ausbildung einer ganz eigenen Gestalt des Prophetentums.

Breiten Raum nehmen im deuteronomistischen Geschichtswerk die Überlieferungen über die Propheten Elia (1 Kön 17 bis 19; 21; 2 Kön 1,1-17) und Elisa (2 Kön 2; 3,4-27; 4,1 bis 8,15; 9,1-10; 13,14-21) ein.

Elia Elia, so lesen wir, wirkt im Nordreich zur Zeit des Königs Ahab (871-852 vor Christus), dem der Deuteronomist unterstellt, daß er – vor allem auf Veranlassung seiner Frau Isebel – den Kult der kanaanäischen Gottheiten Baal und Aschera in Israel aufgerichtet habe. Nachdem Isebel, so erfährt man, die Propheten Jahwes töten ließ, obsiegt Elia in einem prophetischen Wettkampf auf dem Berge Karmel über die Baalspropheten, die er anschließend umbringt. Er muß vor der Rache Isebels fliehen und verbirgt sich am Berge Horeb. Dort erhält er den Auftrag, Jehu zum neuen König des Nordreichs und Elisa zu seinem eigenen Nachfolger zu salben.

Elisa Elisa war im Unterschied zu Elia offenbar kein Wanderprophet, sondern Glied einer Prophetengenossenschaft am Heiligtum in Gilgal. Von ihm sind allerhand Wundererzählungen überliefert – so werden Kinder, die ihn als Kahlkopf verhöhnen, von Bären zerrissen –, aber es wird auch deutlich, daß er wie Elia in die politisch-religiösen Entwicklungen seiner Zeit eingreift und hier im Namen seines Gottes Partei nimmt.

Schriftpropheten Ein Großteil der Bücher des Alten Testaments gehört zur prophetischen Literatur im eigentlichen Sinne. Dabei handelt es sich um Bücher, die auf einen namentlich genannten Propheten, über den meist auch noch einige biographische Daten mitgeteilt werden, zurückgeführt werden können. Aber auch diese ›Schriftpropheten‹, wie man sie nennt, haben ihre Botschaft zunächst in der Regel mündlich vorgetragen; erst später wurden dann ihre Worte zumeist von Schülern aufgezeichnet.

Auditionen und Visionen Wir lernen hier Genaueres über das Wesen und die Erscheinungsformen des israelitischen Prophetentums: Die Propheten empfangen ihre Botschaft als Audition, also in einem Hörerlebnis, oder als Vision, in einer Schau, in deren Mittelpunkt häufig ebenfalls ein Gotteswort steht. Das gilt auch für den Traum als weitere Offenbarungsquelle oder für die prophetischen »Nachtgesichte« (vgl. Dan 7,lff), in denen sich Vision und Traum miteinander verbinden. Von der ›inneren‹ Schau, dem ›inneren‹ Hörerlebnis sind noch einmal jene Wahrnehmungen zu unterscheiden, bei denen reale Gegenstände, Klänge oder Vorgänge der Außenwelt symbolisch erlebt und gedeutet werden (vgl. Jer 1,13f).

Träume und Gesichte

Botenspruch- und Gottesspruchformel

»So spricht Jahwe«: Durch diese »Botenspruchformel« geben die Propheten zu erkennen, daß sie nicht ihr eigenes Wort reden, sondern dem Worte Gottes Raum geben. Eine vergleichbare Funktion erfüllt die Zitations- oder Gottesspruchformel, die häufig am Ende der Botschaft steht: »Spruch Jahwes«, »... spricht Jahwe«.

Literarisch-rhetorische Gestalt

In einem gewissen Widerspruch zu solcher Botenfunktion, die die Propheten für sich in Anspruch nehmen, scheint die oftmals überaus kunstvolle, die Kenntnis literarischer wie rhetorischer Regeln voraussetzende Gestalt zu stehen, in der uns zahlreiche Prophetenworte überliefert sind. Vielleicht darf man annehmen, daß sich in solch enger Verbindung von prophetischer und dichterischer Inspiration die selbstverständliche Teilhabe an einer – mit dem Prophetentum verbundenen – literarisch-rhetorischen Kultur ausdrückt. Aber auch die nachträgliche Bearbeitung und Stilisierung von Prophetenworten im Vorgang der Überlieferung und Verschriftlichung kann nicht ausgeschlossen werden.

Symbolische Handlungen

Neben dem Wort ist auch die symbolische Handlung ein Mittel, mit dem der Prophet den Gottesspruch kundtut: So erhält zum Beispiel der Prophet Jeremia (Jer 27,2) die Weisung, sich ein Joch auf den Nacken zu legen und so die Unterwerfung der Völker durch Nebukadnezar anzukündigen und darzustellen. Sein Gegenspieler, der Prophet Hananja, nimmt ihm dieses Joch und zerbricht es (Jer 28,10), um so das Ende der Herrschaft Nebukadnezars anzusagen.

Wirkendes Wort

Dazu muß man wissen: Das prophetische Wort kündigt ein Geschehen nicht nur an, sondern führt es unmittelbar herauf, läßt es Wirklichkeit werden. Im Urteil des Propheten vollzieht sich bereits das Gericht; es ist wirkendes, wirklichkeitssetzendes Wort. Es besitzt, modern ausgedrückt, performativen Charakter.

Im Streit zwischen Jeremia und Hananja zeigt sich zugleich eine Spannung, die im Alten Testament immer wieder auf-

Unheils- und Heilsprophetie

bricht: Unheilspropheten, die dem einzelnen oder dem ganzen Volk das Gericht Gottes verkünden, stehen gegen Heilspropheten wie Hananja, deren Aufgabe es offenbar ist, dem König und dem Volk Heil zuzusichern. Darin wirkt sich auch – nach neuerer Deutung – der Gegensatz zwischen den intuitiv erkennenden Propheten und den amtlich angestellten Vorzeichendeutern aus, deren Funktion es ja ist, drohendes Unheil rechtzeitig zu erkennen und durch entsprechendes Handeln abzuwenden.

Bei den Schriftpropheten, die *vor* dem Untergang Judas und Jerusalems wirken, dominiert die Ansage des Gerichts, anders als bei den Propheten des Exils und den nachexilischen Propheten, bei denen die Heilsprophetie im Vordergrund steht. Ob sich bei den vorexilischen Propheten (zum Beispiel Jes 7,10-16; 8,23 bis 9,6; 11,1-10; 16,1-5; 32,1-8; Jer 23,1-8; 33, 14-26) tatsächlich schon die Vorstellung von einer Wiederherstellung des Königtums Davids finden läßt, verbunden mit der Hoffnung auf den ›Messias‹, den ›Gesalbten‹, den neuen Heilskönig, ist unter den Auslegern umstritten.

Große und Kleine Propheten

Herkömmlich gliedert man das prophetische Schrifttum des Alten Testaments in die ›vier großen Propheten‹ Jesaja, Jeremia, Ezechiel (Hesekiel), Daniel, denen dann das Korpus der ›zwölf kleinen Propheten‹ folgt: Hosea, Joel, Amos, Obadja, Jona, Micha, Nahum, Habakuk, Zefanja, Haggai, Sacharja, Maleachi.

Jona

Ganz abgesehen davon, daß es sich beim Jona-Buch um eine Novelle handelt, die zwar von einem – höchst widerspenstigen – Propheten erzählt, aber nicht zur prophetischen Literatur im eigentlichen Sinne zu rechnen ist, entspricht diese Anordnung auch nicht der historischen Reihenfolge. Der älteste

Amos

Schriftprophet, so lernen wir, war vermutlich Amos, der zur Zeit der Könige Usija (Asarja) von Juda (787-736) und Jerobeam II. von Israel (787-747) wirkte: Von Beruf Vieh- und Maulbeerfeigenzüchter, treibt ihn sein prophetischer Auftrag aus seiner Heimat im Süden in das Nordreich, wo er vermutlich zunächst in der Hauptstadt Samaria, dann am zentralen Heiligtum in Bethel auftritt, dem Anschein nach während eines Festes, zu dem viele Israeliten gekommen sind. Der Oberpriester Amazja zeigt ihn beim König an und läßt ihn aus dem Nordreich ausweisen.

Gehorsam statt Opfer

Amos: Kritik am Gottesdienst

»Ich bin euren Feiertagen gram und verachte sie und mag eure Versammlungen nicht riechen« (Am 5,21): Wie hier bei Amos findet sich auch bei anderen Propheten immer wieder eine Kritik am Gottesdienst Israels, die bis an die Wurzeln geht. Kann man darum von einer prinzipiellen Ablehnung aller kultischen Praktiken durch die Propheten sprechen? Gerade Amos macht deutlich, daß seine Kritik am Gottesdienst, den er am Heiligtum von Bethel vorfindet, einen sozialethischen – genauer vielleicht: einen sozial-religiösen – Hintergrund hat: Wo das Gottesrecht, das insbesondere die sozial Schwachen schützt, mit Füßen getreten wird, verkommt der Gottesdienst zu einer sinnleeren Alibihandlung. »Tu weg von mir das Geplärr deiner Lieder, denn ich mag dein Harfenspiel nicht hören!« läßt Gott durch den Mund des Amos den Israeliten sagen. »Es ströme aber das Recht wie Wasser und die Gerechtigkeit wie ein nie versiegender Bach« (Am 5,23f).

Sozioökonomische Hintergründe

Auch wenn es um die Kritik an der Oberschicht im Lande geht, die sich auf Kosten der Schwachen bereichert, ist Amos alles andere als zimperlich. Den Damen der Gesellschaft ruft er zu: »Horet dies Wort, ihr fetten Kühe, die ihr auf dem Berge Samarias seid und den Geringen Gewalt antut und schindet die Armen und sprecht zu euren Herren: Bringt her, laßt uns saufen!« (Am 4,1). Den Hintergrund solcher Kritik bilden bestimmte sozioökonomische Entwicklungen während der Königszeit: Die ursprüngliche Wirtschafts- und Bodenordnung, die noch aus vorstaatlicher Zeit stammt, garantiert jedem freien Mann in Israel ein Stück Land zur Bewirtschaftung. Solche Ordnung wird offenbar in staatlicher Zeit mehr und mehr durch die vom Königshause und den Oberschichten betriebene Latifundienwirtschaft (vgl. zum Beispiel 1 Kön 21) unterlaufen, durch die viele freie Israeliten in die Schuldsklaverei getrieben werden.

Als eine Art Utopie, die sich sozialkritisch gegen die Latifundienwirtschaft richtet, müssen wohl die Bestimmungen über das Sabbatjahr gelten: Alle sieben Jahre soll das Land ruhen. Dazu gehören auch die Anordnungen über den Erlaß von Schuldforderungen und die Freilassung israelitischer Sklaven nach ebenfalls sieben Jahren.

Hosea In zeitlicher Nähe zu Amos – etwa zwischen 750 und 725 vor Christus – wirkt im Nordreich der Prophet Hosea. Er ist der einzige Schriftprophet, der selbst aus dem Nordreich stammt.

Hoseas Ehe Außer in der Hauptstadt Samaria tritt er auch an den nordisraelitischen Heiligtümern von Bethel und Gilgal auf. Bei ihm erscheint das Verhältnis Israels zu seinem Gott als ein Liebesverhältnis, als eine Ehe, die vom Volk gebrochen wird.

Ausdruck und Darstellung findet das in den Berichten über die Ehe, die Hosea auf Weisung Gottes mit einer Prostituierten schließt: Diese Ehe soll als prophetische Zeichenhandlung – jeweils aus verschiedener Perspektive – die Untreue Israels versinnbildlichen. In den Namen, die die Kinder Hoseas erhalten, bildet sich das Gericht Gottes über das Volk ab: »Unbegnadete« heißt eine Tochter, »Nicht-mein-Volk« ein Sohn. Hoseas Kritik am Gottesdienst Israels hat den gleichen Hintergrund und die gleiche Intention wie bei Amos: »Ich habe Lust an der Liebe und nicht am Opfer, an der Erkenntnis Gottes und nicht am Brandopfer«, läßt Jahwe durch den Mund des Propheten verkünden (Hos 6,6).

Syrisch-ephraimitischer Krieg Hosea wendet sich im Namen Jahwes zugleich gegen die politischen Entscheidungen, die die Führer Israels treffen, gegen das Vertrauen, das sie auf militärische Rüstung und auf eine skrupellose Bündnispolitik setzen: Im syrisch-ephraimitischen Krieg (733 vor Christus) hatten sie sich mit Damaskus gegen Juda verbündet und so den Assyrern den Weg nach Syrien und Palästina gebahnt.

Hosea erhofft sich demgegenüber die Rettung von einer Rückkehr Israels in die Wüste; dort soll sich das Gottesverhältnis der Mosezeit erneuern.

Jesaja Jesaja, der große Prophet des Südreiches, beginnt um das Jahr 740 mit seiner prophetischen Predigt. Seine Wirksamkeit in Jerusalem endet mit dem Jahre 701, in dem die Assyrer unter Sanherib Jerusalem belagern und große Teile Judas zerstören.

Berufungserlebnis Nach Jes 6,1-13 hat Jesaja im Todesjahr des Königs Usija (736/35? oder schon 747/46?) im Tempel eine Vision, die sich offenbar an der Bundeslade und den Figuren, die sie schützen sollen, entzündet. Er schaut Gott auf seinem Thron; die Flügelwesen, die um ihn sind, rufen einander zu: »Heilig, heilig, heilig ist der Herr Zebaoth (Jahwe, der ›Herr der Heerscharen‹), alle Lande sind seiner Ehre voll!« Das Erschrecken vor der Heiligkeit Gottes überwältigt ihn: »Weh mir, ich vergehe! Denn ich bin unreiner Lippen und wohne unter einem Volk von unreinen Lippen...« Während früher dieses Ereignis als ›Berufungserlebnis‹ gedeutet wurde, sieht man heute darin eher eine ›Verstockungsvision‹.

Kritik an Mißständen

Solche Erfahrung der Heiligkeit Gottes bestimmt den Inhalt und die Gestalt von Jesajas prophetischer Kritik. Wie Amos und Hosea wendet er sich gegen die sozialen Mißstände im Lande, gegen die Rechtsvergessenheit der Oberschicht, die sich auf Kosten der Schwachen bereichert: »Den Waisen schaffen sie nicht Recht, und der Witwen Sache kommt nicht vor sie« (Jes 2,23b).

Kritik an Machtpolitik

Wie Hosea greift er mit seiner Verkündigung unmittelbar in politische Entscheidungsprozesse ein. Wendet sich dieser gegen das Bündnis, das der Norden im syrisch-ephraimitischen Krieg mit Damaskus gegen den Süden schließt, so stellt sich Jesaja gegen die Bündnispolitik seines Königs Ahas (741-725), der die Assyrer gegen die Allianz zu Hilfe ruft. Nicht in Bündnispakten und militärische Macht, so lautet seine Botschaft, sondern allein im Vertrauen auf Jahwe liegt Hilfe: »Glaubt ihr nicht, so bleibt ihr nicht« (Jes 7,9).

Hoffnung auf den ›heiligen Rest‹

Schear-Jaschub nennt er – auch dies ein Beispiel für eine prophetische Zeichenhandlung – einen seiner Söhne: *Ein-Rest-kehrt-um*. Ein Rest des Volkes, so hofft und predigt er, wird zu Jahwe umkehren und so das Strafgericht überstehen.

Zu den wichtigsten Erkenntnissen der alttestamentlichen Forschung gehört die Feststellung, daß sich im Jesajabuch außer dem ›ersten‹, eigentlichen Jesaja noch mindestens zwei weitere Propheten zu Wort melden, deren Namen uns nicht überliefert sind.

Deutero-jesaja

So werden die Kapitel 40 bis 55 des Jesajabuches einem ›zweiten‹ Jesaja – griechisch: *Deuterojesaja* – zugeschrieben, der vermutlich als Prophet unter den Exulanten in Babylon gewirkt hat. Er ist ein Zeitgenosse des Perserkönigs Kyros (559-529 vor Christus), dessen siegreiche Feldzüge er beobachtet und von dem er sich die Rettung Israels erhofft: Als Werkzeug Gottes wird Kyros die Babylonier schlagen, den Verbannten zur Heimkehr verhelfen und Jerusalem mit dem Tempel wiedererrichten. Nicht Unheil, sondern Heil zu verkünden, wird der Prophet berufen: »Tröstet, tröstet mein Volk! spricht euer

Gott. Redet mit Jerusalem freundlich und predigt ihr, daß ihre Knechtschaft ein Ende hat, daß ihre Schuld vergeben ist« (Jes 40,1f). Ein neuer, größerer Exodus wird dem Volk verheißen. Jahwe wird wieder auf dem Zion, dem Tempelberg Jerusalems, seinen Sitz nehmen und dort seine Königsherrschaft über alle Völker ausüben.

Gottesknechtlieder Probleme bereiten der Forschung die sogenannten *Gottesknechtlieder* bei Deuterojesaja (Jes 42,1-4[-9?]; 49,1-6[-13?]; 50,4-9[10f]; 52,13 bis 53,12). Sie schildern offenbar das Schicksal eines »Knecht Gottes« (hebräisch: *ebed Jahwe*) genannten Märtyrers. Handelt es sich dabei um den Propheten selbst? Oder geht es um das kollektive Schicksal Israels? Oder wird gar der kommende Heilskönig, der Messias, besungen? Die christliche Auslegung hat gerade diese Texte von Anfang an auf Jesus von Nazareth bezogen. Es hat den Anschein, als sei die Überlieferung vom Leiden und Sterben Jesu in den Evangelien in mancher Hinsicht von den Motiven der Gottesknechtlieder mitgeformt worden.

Tritojesaja Die Kapitel 56 bis 66 des Jesjabuches werden vielfach einem ›dritten‹ Jesaja – *Tritojesaja* – zugeschrieben. Manche sehen in ihm einen Schüler Deuterojesajas, der nach 538 in Jerusalem wirkt. Andere bestreiten, daß es sich bei der genannten Textsammlung um eine literarische Einheit handelt, hinter der ein einziger Verfasser steht. Man vermutet mehrere nachexilische Autoren, denen es um die Auslegung der unter dem Namen Jesajas überlieferten Schriften in der veränderten Situation geht.

Jeremia Mit Jeremia, dem zweiten der großen Propheten Judas, kehren wir wieder in die Zeit vor dem Exil zurück. Das Jeremiabuch selbst ist eine Mischung von Worten des Propheten (vornehmlich in den Kapiteln 1 bis 25) und von Berichten über Jeremia (im wesentlichen in den Kapiteln 26 bis 45).

Biographie So erfahren wir sehr viele Einzelheiten zu seiner Biographie, deren Authentizität jedoch von den Auslegern immer wieder in Zweifel gezogen wird. Jeremia stammt danach aus einer Priesterfamilie, die nördlich von Jerusalem ihren Sitz hat. Nach Jer 1,2 wird er im 13. Jahr des Königs Josia (639-609), also um 627/26, zum Propheten berufen. Greifbar wird sein Wirken aber vor allem nach dem Jahre 609, als Josia im Kampf gegen den ägyptischen Pharao Necho fällt. Seine Gegenspieler sind, so scheint es, die Priester und die am Tempel ansässigen Propheten, die ihm seine überaus scharfe Tempel- und Kultkritik übel nehmen und ihn auf jede Weise verfolgen: Nach Jer 20,1f wird er gschlagen und in den Block geschlossen, nach Jer 26 inhaftiert und mit dem Tode bedroht. Da er offenbar auch Tempelverbot hat (Jer 36,5), diktiert er seinem Schüler Baruch seine prophetischen Worte auf eine Schriftrolle, die von König Jojakim (608-598) höchstpersönlich Stück für Stück verbrannt, von Baruch aber wiederhergestellt und erweitert wird. Nach der Eroberung Judas und Jerusalems durch die Babylonier wird er der Überlieferung nach (Jer 43) von fliehenden Landsleuten nach Ägypten verschleppt.

Verkündigung Jeremias

Seine prophetische Predigt gegen den Dienst fremder Gottheiten (Jer 2,23-25), gegen die Rechtsvergessenheit des Volkes und seiner Führer (Jer 5,1-6), gegen den Tempelkult (Jer 6,20) und den Tempel (Jer 7,1-15), gegen die verhängnisvolle Bündnispolitik des Königshauses (Jer 2,18) fügt sich in den Tenor prophetischer Kult-, Sozial- und Politikkritik ein, wie er auch die Worte eines Amos, eines Hosea, eines Jesaja bestimmt.

Aufruf zur Umkehr

Die Geschichte des Volkes ist eine Geschichte des Abfalls von Jahwe und vom Mosebund, ein Abfall, der bis in die Gegenwart andauert. Wie Jesaja ruft auch Jeremia das Volk zur Umkehr auf: »Kehre zurück, du abtrünniges Israel, spricht der Herr, so will ich nicht zornig auf euch blicken« (Jer 3,12).

Neuer Bund

Inwieweit die Heilsverheißungen – zum Beispiel die Ankündigung eines neuen Bundes, der in Herz und Sinn des Volke geschrieben sein wird (Jer 31,31-34) – auf Jeremia selber zurückgehen, ist unter den Auslegern umstritten.

Brief an die Verbannten

Ein Zeugnis nüchternen, realistischen Gottvertrauens ist der Brief, den Jeremia an die nach der ersten Eroberung Jerusalems im Jahre 597 nach Babylon Deportierten schreibt: »Suchet der Stadt Bestes, dahin ich euch habe führen lassen, und betet für sie zum Herrn; denn wenn's ihr wohlgeht, so geht's auch euch wohl« (Jer 29,7)

Ezechiel

Aus dem Buch, das ihm zugeschrieben wird, erfahren wir einiges zur Person des dritten großen Propheten: Ezechiel (bei Luther: Hesekiel) gehört zur Tempelpriesterschaft von Jerusalem. Mit jener oben erwähnten ersten Welle von Verbannten wird er 597 nach Babylon deportiert, wo er offenbar in einer Exulantensiedlung am Flusse Kebar eine neue Bleibe findet. Dort wird er im Jahre 593 zum Propheten berufen. Über zwanzig Jahre lang wirkt er unter seinen Landsleuten in der Fremde. Er verkündet – noch vor 587/586 – den zweiten, endgültigen Fall Jerusalems, ermahnt die Israeliten zur Umkehr und schaut schließlich in einer Vision die Auferstehung seines Volkes, das Gott durch seinen Geist zu neuem Leben (Ez 37,1-14) in einem geeinten Lande unter einem zweiten David (Ez 37,14ff) erwecken wird.

Manche Ausleger zweifeln freilich die Authentizität der biographischen Angaben an und halten das Buch für eine pseudepigraphische, unter einem angenommenen Namen publizierte Schrift.

Friedensbund Wie bei Jeremia knüpft christliche Auslegung auch bei Ezechiel an die Verheißung eines neuen, ewigen Friedensbundes an (Ez 37,26-28), ein Bund, in dem Gott durch seinen Geist die Herzen der Menschen verwandeln und regieren wird (Ez 36,26f).

Daniel Das vierte große Prophetenbuch, Daniel, steht in der hebräischen Bibel nicht unter den Propheten, sondern wird zu den *k^e^tubim*, den ›Schriften‹, gerechnet.

Apokalyptik Die Ausleger sehen es als Ausdruck eines für Israel neuen, apokalyptischen (griechisch *apokalypsis* = Offenbarung), das heißt auf die Entschleierung der Geheimnisse der Endzeit gerichteten Denkens: Trotz Rückkehr und Tempelneubau haben sich die Hoffnungen der Israeliten auf eine endgültige geschichtlich-religiöse Wende, auf den Anbruch der Heilszeit, auf die Erneuerung des Davidreiches nicht erfüllt. So radikalisieren sich nun – wohl auch unter fremdreligiösem, persischem Einfluß – die Erwartungen, wandeln sich in spezifischer Weise: Sie verlieren gleichsam ihren konkreten, auf geschichtliche Wirklichkeiten und Möglichkeiten gerichteten Bezug und richten sich jetzt auf einen totalen, durch das unmittelbare, sichtbare Eingreifen Gottes bewirkten Bruch.

Die Apokalyptik verkündet eine neue Schöpfung, der das Ende aller Geschichte, der katastrophale Untergang der bestehenden Welt vorausgeht. So schafft sie einen Vorstellungsrahmen, der auch das frühe christliche Denken entscheidend mitbestimmt.

Vorzusingen beim Saitenspiel

»Wie eine Lilie unter den Dornen, so ist meine Freundin unter den Mädchen« (Hld 2,2): Liebeslyrik in der Bibel? Es hat nicht an Versuchen gefehlt, die Liebes- und Hochzeitslieder des *schir haschirim*, des ›Liedes der Lieder‹ (Luther: ›Das Hohelied Salomos‹) allegorisch zu deuten. Der Bräutigam sei Christus, so wurde erklärt, die Braut sei die Kirche; nach anderer Deutung ist es Maria, die Mutter Jesu, oder die von Christus umworbene Seele des einzelnen. Heute wird kaum noch ernsthaft bestritten, daß die hier gesammelten Gedichte – vermutlich im 3. Jahrhundert vor Christus entstanden – die Liebe zwischen Mann und Frau zum Thema haben. Sie sind ein hervorragendes Zeugnis poetischer Literatur, das uns das Alte Testament überliefert. **Liebeslieder**

Diese Poesie hat – wie vermutlich alle Dichtung – ursprünglich sakrale Wurzeln. Das zeigt sich noch deutlicher im Kriegs- und Siegeslied, für das uns die Exodustradition in Gestalt des *Mirjamliedes* ein eindrückliches Beispiel liefert: **Kriegs- und Siegeslieder**

Laßt uns dem Herrn singen,
denn er hat eine herrliche Tat getan,
Roß und Mann hat er ins Meer gestürzt (Ex 15,21).

Eine andere, auch im Alten Testament bezeugte poetische Gattung ist das Lied, das zur Arbeit gesungen wird – wie das *Brunnenlied* von Num 21,17f: **Arbeitslieder**

Brunnen steige auf!
Singet von ihm:
Das ist der Brunnen,
den die Fürsten gegraben haben...

Auch die Totenklage gehört zu den Liedgattungen, die im Alten Testament begegnen. So klagt David nach dem Tode Sauls und Jonathans (2 Sam 1,17-27): **Totenklage**

Die Edelsten in Israel
sind auf deinen Höhen erschlagen.
Wie sind die Helden gefallen!

Das bedeutendste poetische Buch des Alten Testaments – und der Bibel insgesamt – ist jedoch der Psalter (griechisch *psalterion* = ein Saiteninstrument). Es handelt sich um eine Sammlung von einhundertfünfzig *Psalmen* (griechisch *psalmos* = Spielen des *psalterions*, Saitenspiel; im biblischen Zusammenhang meist Bezeichnung für ein an Gott gerichtetes Loblied). In der **Psalter** hebräischen Bibel heißt der Psalter *sefer tᵉhillim*, ›Buch der Preisungen‹.

Entstehung In der Überlieferung, die ihren Anhalt an den Überschriften findet, wie sie einer Reihe von Psalmen vorangestellt sind, werden große Teile des Psalters dem König David zugeschrieben. Die Ausleger können jedoch wahrscheinlich machen, daß das Buch in einem längeren Prozeß aus verschiedenen kleineren und größeren Liedersammlungen zusammengewachsen ist. Dabei darf nicht übersehen werden, daß sich auch in den anderen Büchern des Alten Testaments poetische Texte finden, die sich als *Psalmen* – im Sinne des im Psalter gesammelten Liedgutes – bestimmen lassen. Vielleicht ist überhaupt nur ein Bruchteil der religiösen Liedddichtung Israels auf uns gekommen.

Gattungen Von den Auslegern werden die Psalmen sowohl nach inhaltlichen wie nach formalen Kriterien bestimmmten Liedgattungen zugeordnet, denen jeweils ein unterschiedlicher »Sitz im Leben« – eine spezifische Funktion im kultisch-religiösen Leben des einzelnen, wie der Gemeinschaft – entspricht. Doch herrscht weder in der verwendeten Begrifflichkeit noch in der Bestimmung der einzelnen Gattungen Einhelligkeit unter den Fachleuten.

Loblied (Hymnus) Die Gattung, der der Psalter seine Überschrift verdankt, ist der *Hymnus*, das *Loblied*, das dem Lobpreis Gottes dient. Der *Hymnus* beginnt in der Regel mit einer Aufforderung, Gott zu loben. Dabei werden häufig auch diejenigen genannt und angesprochen, denen die Aufforderung gilt. Die Begründung für den Lobpreis schließt sich an:

Lobet den Herrn, alle Heiden!
Preiset ihn, alle Völker!
Denn seine Gnade und Wahrheit
waltet über uns in Ewigkeit.
Halleluja! (Ps 117)

Manchmal enthält die Aufforderung auch Hinweise darauf, wie und wo das Lob ausgeführt werden soll:

Hebet eure Hände auf im Heiligtum
und lobet den Herrn! (Ps 134,2)

Die Begründung für das Lob kann die Erschaffung und Erhaltung der Welt durch Jahwe thematisieren:

Du breitest den Himmel aus wie einen Teppich;
du baust deine Gemächer über den Wassern. (Ps 104,2f)

Sie kann sich aber auch auf sein geschichtliches Handeln beziehen:

Er schalt das Schilfmeer,
da wurde es trocken,
und führte sie durch die Tiefen
wie durch trockenes Land. (Ps 106,9)

Jahwe-König-Lieder

Eine Untergattung des Hymnus bilden die *Jahwe-König-Lieder*, auch *Thronbesteigungspsalmen* genannt, weil man früher annahm, sie seien anläßlich eines alljährlich gefeierten ›Thronbesteigungsfestes Jahwes‹ gesungen worden. Sie preisen Gott als König über alle Welt und nehmen dabei Motive aus dem altorientalischen Hofzeremoniell auf:

Gott ist König über die Völker,
Gott sitzt auf seinem heiligen Thron. (Ps 47,9)

Danklied des einzelnen

In einer gewissen Nähe zum Loblied steht das Da*nklied* eines einzelnen, das manche auch als »berichtendes Lob« charakterisieren. Im Zentrum des Liedes steht nämlich der Bericht über die Not, die den Beter betroffen hat, und über die Errettung aus solcher Not durch Gott. Aus dem Bericht wächst der Dank:

Er zog mich aus der grausigen Grube,
aus lauter Schmutz und Schlamm,
und stellte meine Füße auf einen Fels,
daß ich sicher treten kann;
er hat mir ein neues Lied in meinen Mund gegeben,
zu loben unsern Gott. (Ps 40,3f)

Klagelied des einzelnen

Eine große Gruppe im Psalter bilden die Klage*lieder*, die manche lieber als »Gebetslieder« bezeichnen möchten, wobei sie auch das *Danklied des einzelnen* hierunter begreifen. Ähnlich wie beim individuellen *Danklied* steht auch beim *Klagelied des einzelnen* der Bericht über eine Notlage im Mittelpunkt. Aus der Not heraus ruft der Beter zu Jahwe und erbittet seine Hilfe. Das verbindet sich manchmal mit Fragen an Gott:

Herr, wie lange willst du mich so ganz vergessen?
Wie lange verbirgst du dein Antlitz vor mir? (Ps 13,1)

Zum Bestand des Gebetes gehört auch das Vertrauen darauf, daß Gott helfen kann und will:

Ich aber traue darauf,
daß du so gnädig bist;
mein Herz freut sich ,
daß du so gerne hilfst. (Ps 13,6)

Klagelied des Volkes Vom Klagel*ied des einzelnen* unterscheiden die Ausleger das *Klagelied des Volkes*. Auch hier wird die Not geschildert, die das Volk betroffen hat:

Gott, es sind Heiden in dein Erbe eingefallen;
die haben deinen heiligen Tempel entweiht
und aus Jerusalem einen Steinhaufen gemacht. (Ps 79,1)

Auch hier fehlen nicht die Fragen, die manchmal die Gestalt von Anklagen annehmen, und die Bitten. Dazu gehört der Hinweis, daß die Schmach, die das Volk trifft, auch die Ehre Gottes berührt:

Herr, wie lange willst du so sehr zürnen
und deinen Eifer brennen lassen wie Feuer? (Ps 79,5)
Hilf du uns, Gott, unser Helfer,
um deines Namens Ehre willen! (Ps 79,9)

Die Erinnerung an das geschichtliche Handeln Gottes an seinem Volk, die Berufung auf die »großen Taten Gottes« in der Vergangenheit, begründen die Bitte und drücken das Vertrauen auf die Erhörung des Gebets aus:

Du hast einen Weinstock aus Ägypten geholt,
hast vertrieben die Völker und ihn eingepflanzt. (Ps 80,9)

Sitz im Leben Ihren »Sitz im Leben« haben diese Klagelied*er* vermutlich in Gottesdiensten, die aus Anlaß einer besonderen Notlage gehalten wurden und mit einem allgemeinen Fasten und anderen Bußübungen verbunden waren. Vielleicht wurde dabei die Klage des Volkes mit einem liturgischen Zuspruch von Rettung und Heil beantwortet, der dann zu Lob und Dank überleitete.

Auch das *individuelle Klage- und Danklied* mag seinen »Sitz im Leben« ursprünglich im Kultus gehabt haben, im Zusammenhang etwa mit dem Dankopfer, das einer im Heiligtum für seine Errettung oder Heilung darbrachte. Das tat er dann nicht allein für sich, sondern in Gemeinschaft mit anderen, die an seinem Dank teilnahmen.

Königspsalmen Eine Liedgruppe besonderer Art im Psalter begegnet uns in Gestalt der *Königspsalmen*. Wie die Gruppe der *Jahwe-König-Lieder* nehmen sie Motive des altorientalische Königszeremoniells auf, beziehen sie aber auf den irdischen König, dessen göttliche Erwählung sie hervorheben. Sie sind Ausdruck und Ansatzpunkt messianischer Vorstellungen, die dem erwarteten Heilskönig aus dem Hause David gelten und ihm die ›Gottessohnschaft‹ zusprechen. Auf solche Weise gestalten sie auch das

Bild mit, das die frühe christliche Tradition von Jesus zeichnet:
Kundtun will ich den Ratschluß des Herrn.
Er hat zu mir gesagt: »Du bist mein Sohn,
heute habe ich dich gezeugt.« (Ps 2,7)

Mit Gott reden

Gott läßt mit sich reden: Das ist die Überzeugung Israels, die sich einhellig in den einzelnen Psalmen wie im Psalter insgesamt ausdrückt. Die hier gesammelten Lieder sprechen Gott als einen an, der in der Schöpfung, in der Geschichte des Volkes und im Geschick des einzelnen handelt, und sie rufen ihn zu neuem, rettendem Tun auf. In ihnen gewinnt ein dialogisches Gottesverhältnis Gestalt, das den Glauben von Juden wie Christen entscheidend geprägt hat: Glauben ist, so verstanden, Antwort von Menschen, die das, was sie sehen und erfahren, als Handeln Gottes begreifen. Der Psalter zeigt, wie vielgestaltig solche Antwort sein kann: Der Glaube spricht sich aus in Lobpreis, Dank und Bitte, aber auch in Klage und Anklage. Er ist Erinnerung und Hoffnung, kann Verzweiflung und Gewißheit zugleich umschließen.

Die Psalmen im Christentum

Manches spricht dafür, daß die Christen in ihren Gottesdiensten die Psalmen zunächst als Lesungen verwendeten, nicht als Lieder. Jedoch wurde der Psalter bald schon zum Gesang- und Gebetbuch auch der Kirche.

Rachepsalmen

Probleme haben Christen mit den Psalmen vor allem dort, wo in ihnen sehr menschliche Vorstellungen von Vergeltung und Rache zum Ausdruck kommen. Doch sprechen die Psalmen hier nur aus, was als Möglichkeit und Versuchung auch im christlichen Glauben gegenwärtig ist. So helfen sie, es zu verarbeiten, statt es zu verdrängen.

Deutung auf Jesus Christus

In der christlichen Tradition werden viele Psalmen auf Christus bezogen. Ihm in den Mund gelegt, deuten sie zugleich sein Geschick. Von den sieben Worten, die Jesus am Kreuz gesprochen haben soll, sind zwei (Mt 27,46; Lk 23,46; vielleicht auch Joh 19,28) einem Psalm entnommen:
Mein Gott, mein Gott, warum hast du mich verlassen?
Ich schreie, aber meine Hilfe ist ferne. (Ps 22,2)
In deine Hände befehle ich meinen Geist;
du hast mich erlöst, Herr, du treuer Gott. (Ps 31,6)
Meine Kräfte sind vertrocknet wie eine Scherbe,
und meine Zunge klebt mir am Gaumen,
und du legst mich in des Todes Staub. (Ps 22,16)

Der Neue Bund

Die gute Nachricht

Geburt Jesu »Es begab sich aber zu der Zeit, daß ein Gebot von dem Kaiser Augustus ausging, daß alle Welt geschätzt würde« (Lk 2,1): Vielen Menschen, auch solchen, die kaum mehr in einer Beziehung zur Kirche stehen, klingen diese Worte vertraut im Ohr. Sie stammen aus der Erzählung von der Geburt Jesu, die alljährlich zu Weihnachten in den Kirchen verlesen wird:
Der römische Kaiser Augustus erläßt eine Verfügung, nach der sich jedermannn in seinem Reiche zu Steuerzwecken im Orte seiner Herkunft registrieren lassen muß. In die allgemeine Bewegung, die dadurch ausgelöst wird, werden auch Josef und Maria, die ihren Wohnsitz im Norden des Landes, in Nazareth haben, hineingezogen: Weil Josef ein Nachkomme des Königs David ist, zur David-Sippe gehört, muß er sich auf den Weg in den Süden machen, nach Bethlehem, zur »Stadt Davids« (Lk 2,4), in der der große König einst das Licht der Welt erblickt hatte (Rut 4,22; 1 Sam 16,1-13). Maria, die mit ihm zieht, ist schwanger. Sie bringt in Bethlehem ihren ersten Sohn zur Welt: Jesus, hebräisch *jeschua* oder *jehoschua*, auf deutsch ›Jahwe ist Rettung‹, ›Jahwe hilft‹.
Den Hirten, die zur gleichen Zeit in der Nähe Bethlehems bei ihren Herden lagern, kündet ein Engel, ein Bote Gottes, die Geburt des Messias, des Heilskönigs an: »Siehe, ich verkündige euch große Freude, die allem Volk widerfahren wird; denn euch ist heute der Heiland geboren, welcher ist Christus, der Herr, in der Stadt Davids« (Lk 2, 10f).

Evangelium Für »verkündigen« steht im griechischen Text das Wort *euangelizomai*, und das wiederum hängt mit dem Substantiv *euangelion* zusammen, das in seiner latinisierten Fassung auch ins Deutsche übernommen wurde: *Evangelium* meint ursprünglich die ›gute Nachricht‹, die ›frohe Botschaft‹, genauer die Heilsbotschaft, die sich mit der Person und dem Werk des Jesus von Nazareth verbindet. Im Neuen Testament selber begegnet *euangelion* immmer nur in diesem Sinne. Zur Bezeichnung für die Bücher, die über das Leben, das Sterben und die Auferwekung des Jesus von Nazareth berichten, wird das Wort erst im 2. Jahrhundert nach Christus. Aber auch da wirkt sein älterer, auf den Vorgang der Verkündigung bezogener Sinn noch nach: Man spricht vom ›Evangelium nach Lukas‹, wenn man das dem Lukas zugeschriebene Buch meint, das die oben zitierte Geburtsgeschichte überliefert.

Evangelium als literarische Gattung

Vier Evangelien gehören zum Bestand des Neuen Testaments. Viermal, auf vierfache Weise, wird die Geschichte des Jesus von Nazareth erzählt. Es ist nicht einfach, die literarische Gattung ›Evangelium‹ zu bestimmen; Analogien hierzu lassen sich in der übrigen antiken Literatur kaum ausmachen. Evangelien sind keine Biographien, obwohl sie ohne Zweifel biographische Elemente enthalten. Mit urtümlichen Formen mündlich oder schriftlich überlieferter Dichtung – wie Mythos oder Sage – haben sie nichts zu tun, obwohl in ihnen durchaus mythische Elemente begegnen. Sie dokumentieren nicht – wie andere heilige Schriften – die grundlegenden Lehren einer Religion, obwohl sie zu großen Teilen aus Lehre bestehen. Ihre Eigenart kommt in der Tat in der Bezeichnung ›Evangelium‹ immer noch am besten zum Ausdruck: Sie sind Verkündigung, Botschaft, Predigt, Kommunikation. Sie teilen etwas mit, was für den Hörer oder Leser von lebensnotwendiger Bedeutung ist. Unter *diesem* Gesichtspunkt – und keinem anderen – erzählen sie von Jesus aus Nazareth und teilen Ereignisse aus seiner Biographie mit. Unter *diesem* Gesichtspunkt überliefern sie die Worte, die er gesprochen hat. Unter *diesem* Gesichtspunkt berichten sie über sein Wirken unter den Menschen. Unter *diesem* Gesichtspunkt schildern sie sein Leiden und Sterben und bezeugen seine Auferweckung durch Gott.

Markus

Das älteste Evangelium wird von der kirchlichen Tradition dem Markus zugeschrieben. Der Name verweist auf einen Begleiter des Apostels Paulus, der in der Apostelgeschichte (Apg 12,25; 13,5.13; 15,37) wie auch in einem authentischen Paulusbrief (Phlm 24) genannt wird. Eine Notiz aus der Mitte des 2. Jahrhunderts erwähnt Markus als Begleiter des Petrus; dem verdanke er auch, so heißt es, seine Kenntnisse über das Wirken Jesu.

Übereinstimmung besteht unter den Auslegern weitgehend darin, daß das Evangelium noch vor der Zerstörung Jerusalems in der Folge des Jüdischen Krieges im Jahre 70 nach

Christus verfaßt wurde. Man vermutet, daß es unter dem Eindruck der Kriegsereignisse – der Krieg währte von 66 bis 70 nach Christus – zwischen 67 und 69 zusammengestellt worden ist. Als Entstehungsort gilt in der Tradition Rom. Sicher scheint allenfalls, daß der Verfasser kein Judenchrist, sondern ein Heidenchrist war und das Buch vermutlich außerhalb Palästinas niedergeschrieben hat.

Matthäus Matthäus, der von Jesus in seinen Jüngerkreis berufen wird (vgl. Mt 10,3; Mk 3,18; Lk 6,15; Apg 1,13), gilt in der kirchlichen Tradition als Verfasser des nach ihm benannten Evangeliums. Mt 10,3 nennt ihn den »Zöllner«; er soll mit dem Zöllner Levi identisch sein, von dessen Berufung Mk 2,14-17 und Lk 5,27-32 berichtet wird.

Das Matthäusevangelium setzt das Markusevangelium voraus und verarbeitet noch eine zweite, umfangreiche schriftliche Quelle, die Logien- oder Redequelle. Das macht es unwahrscheinlich, daß es sich beim Verfasser um einen Augen- und Ohrenzeugen der Ereignisse um Jesus handelt. Sicher scheint, daß er für eine judenchristliche Gemeinde – für Christen also, die zuvor Juden waren – geschrieben hat und selber Judenchrist war. Als Entstehungsort gilt Syrien, vielleicht Antiochien, wo viele Juden lebten.

Lukas Zusammen mit der Apostelgeschichte ist das Lukasevangelium Teil des sogenannten lukanischen Doppelwerkes. Beide Bücher gehen wohl auf denselben Verfasser zurück. In dem schon erwähnten authentischen Schreiben des Apostels Paulus – dem Philemonbrief – wird Lukas als Mitarbeiter des Paulus genannt (Phlm 24). Nach Kol 4,14 ist er Arzt, und nach 2 Tim 4,11 teilt er die Gefangenschaft des Paulus. Nach der kirchlichen Tradition ist dieser Lukas der Verfasser der beiden ihm zugeschriebenen Bücher.

Mit Bestimmtheit läßt sich über den Autor des Doppelwerkes nur sagen, daß er ebenfalls das Markusevangelium (oder eine seiner Vorstufen) und die Logienquelle verwertet und wie Matthäus auf die Zerstörung Jerusalems im Jahre 70 zurückblickt. Es scheint, daß er bereits zur dritten Generation nach den Aposteln und ihren Schülern gehört. Inwieweit er über präzise Kenntnisse der Geographie Palästinas verfügt, ist umstritten; immerhin scheint er Jerusalem zu kennen. Als Leser setzt er hellenistische Christen voraus, für die er die ihm zugänglichen Überlieferungen gestaltet. Sein Doppelwerk dürfte er nicht vor 85-90 nach Christus abgeschlossen haben.

Johannes

Besondere Probleme gibt das vierte Evangelium auf, das von der kirchlichen Tradition dem Johannes, dem Bruder des Jakobus und Sohn des Zebedäus, zugeschrieben wird. Er gehörte zum engsten Jüngerkreis um Jesus (vgl. Mt 4,21; 10,2; 20,20; 26,37; 27,56; Mk 1,19f; 3,17; 10,35; Lk 5,10; Joh 21,2). Auch die nach ihm benannten neutestamentlichen Briefe werden von der Tradition auf ihn zurückgeführt. Johannes gehörte zu den ›Säulen‹ der Gemeinde in Jerusalem (Gal 2,9) und soll der Überlieferung nach später in Ephesus gewirkt haben. Unter dem Kaiser Domitian auf die Insel Patmos verbannt, soll er dort die Offenbarung verfaßt und nach seiner Rückkehr in Ephesus das Evangelium geschrieben haben.

Die Besonderheit des Johannesevangeliums tritt hervor, wenn man es mit den drei anderen Evangelien vergleicht. Es weist zwar einen ähnlichen Gesamtaufriß auf, füllt diesen aber weitgehend mit Material, das sich nach Inhalt und Form deutlich von dem Überlieferungsbestand der drei ersten Evangelien absetzt. Auch die theologische Deutung des Weges Jesu, die darin zum Ausdruck kommt, spricht für eine späte Datierung der Entstehung des Johannesevangeliums, etwa gegen Ende des ersten nachchristlichen Jahrhunderts.

Apokryphe Evangelien

Neben den vier kanonischen Evangelien, die Eingang in das Neue Testament gefunden haben, gibt es noch eine Reihe nichtkanonischer, apokrypher Evangelien, deren historischer Wert jedoch gering ist. Zumeist sind sie Ausdruck religiöser Strömungen, die vom kirchlichen Hauptstrom der Christenheit nicht assimiliert bzw. wieder ausgeschieden wurden. Ein Großteil von ihnen – so die Evangelien des Philippus, des Thomas, des Matthias, des Judas, des Bartholomäus usw. – gehört in den Bereich der geistig-religiösen Bewegung der *Gnosis* (griechisch; zu deutsch ›Erkenntnis‹); andere – zum Beispiel das Nazaräer-, Ebjoniten- und Hebräerevangelium – scheinen in judenchristlichen Gemeinden gebraucht worden zu sein.

Synoptische Evangelien

Wegen ihrer engen Verwandtschaft faßt man die Evangelien des Markus, des Matthäus und des Lukas auch unter dem Begriff der ›synoptischen Evangelien‹ (kurz: die ›Synoptiker‹) zusammen (griechisch *synopsis* = Überblick, Zusammenschau, zusammenfassende Übersicht). Hilfsmittel für das Studium des

Neuen Testaments – *Synopsen* genannt – drucken den Text der Evangelien in Spalten nebeneinander, um einen raschen Vergleich zu ermöglichen. Dabei ergeben sich häufig überraschende Übereinstimmungen, aber auch typische Abweichungen:

Und es begab sich, daß er am Sabbat durch ein Kornfeld ging, und seine Jünger fingen an, Ähren auszuraufen. Und die Pharisäer sprachen zu ihm: Sieh doch! Warum tun deine Jünger am Sabbat, was nicht erlaubt ist? (Mk 2,23f)	Zu der Zeit ging Jesus durch ein Kornfeld am Sabbat; und seine Jünger waren hungrig und fingen an, Ähren auszuraufen und zu essen. Als das die Pharisäer sahen, sprachen sie zu ihm: Siehe, deine Jünger tun, was am Sabbat nicht erlaubt ist. (Mt. 12,1)	Und es begab sich an einem Sabbat, daß er durch ein Kornfeld ging; und seine Jünger rauften Ähren aus und zerrieben sie mit den Händen und aßen. Einige der Pharisäer aber sprachen: Warum tut ihr, was am Sabbat nicht erlaubt ist? (Lk 6,1f)

Gemeinsame Textbestände

Ein weiterer Vergleich der drei Evangelien macht deutlich: Markus, Matthäus und Lukas weisen einen gemeinsamen Grundbestand an Texten auf, der im wesentlichen durch das Markus-Evangelium repräsentiert wird. Ein Blick auf diesen Bestand zeigt, daß hier Texte erzählenden Charakters – insbesondere die Geschichten, die vom Wirken Jesu berichten – dominieren. Darüber hinaus gibt es nun aber auch einen gemeinsamen Textbestand von Matthäus und Lukas, der bei dem – vom Umfang her gesehen – sehr viel kürzeren Markus fehlt; dieser Bestand setzt sich vornehmlich aus Gleichnissen, Sprüchen und Spruchgruppen zusammen, enthält aber auch Erzählstoff.

Wer nun mich bekennt vor den Menschen, den will ich auch bekennen vor meinem himmlischen Vater. Wer mich aber verleugnet vor den Menschen, den will ich auch verleugnen vor meinem himmlischen Vater. (Mt 10,32f)	Wer mich bekennt vor den Menschen, den wird auch der Menschensohn bekennen vor den Engeln Gottes. Wer mich aber verleugnet vor den Menschen, der wird verleugnet werden vor den Engeln Gottes. (Lk 12,8f)

Um die Übereinstimmungen, aber auch die Abweichungen im Textbestand der drei synoptischen Evangelien zu erklären, vertritt man in der neutestamentlichen Forschung eine *Zweiquellentheorie*: Danach haben sowohl Matthäus wie Lukas – unabhängig voneinander – nicht nur das Markusevangelium (nach Meinung mancher: eine seiner Vorformen), sondern auch eine zweite schriftliche Quelle, die sogenannte *Logienquelle Q* (griechisch *logion* = Spruch; deshalb auch Spruch- oder Redenquelle) benutzt. Die Texte, die allen drei Evangelien gemeinsam sind, wurden danach zuerst von Markus überliefert. Die Texte, die sich gemeinsam nur bei Matthäus und bei Lukas finden, stammen mit hoher Wahrscheinlichkeit aus besagter Logienquelle, für die es freilich keine handschriftlichen Zeugnisse gibt. Ihre Existenz kann nur hypothetisch gefolgert werden.

Zweiquellentheorie

Die *Logienquelle*, so läßt sich erschließen, war kein ›Evangelium‹ im späteren, literarischen Sinne. Sie enthielt offensichtlich keine Passionsgeschichte – also nicht die Erzählung vom Leiden, Sterben und Auferstehen Jesu in Jerusalem, die sonst unabdingbarer Bestandteil und Zielpunkt aller Evangelien ist. Auch sonst scheint für sie die Passion Jesu keine Rolle zu spielen. Ihr Ziel- und Endpunkt ist die Lehre Jesu von den letzten Dingen und vom Kommen des Gottesreiches (Mt 24,26-28.37-41).

Logienquelle

Man vermutet, daß sie – ähnlich wie Markus – kurz vor der Zerstörung Jerusalems im Jahr 70 unter Aufnahme älteren Überlieferungsmaterials verfaßt wurde, und zwar im Gebiet um den See Genezareth, jener Gegend, die Zentrum des Wirkens Jesu war.

Hinauf nach Jerusalem

»Siehe, wir gehen hinauf nach Jerusalem, und der Menschensohn wird überantwortet werden den Hohenpriestern und Schriftgelehrten, und sie werden ihn zum Tode verurteilen und den Heiden überantworten. Die werden ihn verspotten und anspeien und geißeln und töten, und nach drei Tagen wird er auferstehen« (Mk 10,33f). Zielpunkt der Evangelien, so hatten wir gesagt, ist die *Passionsgeschichte*. Sie nimmt ei-

Zielpunkt: Passionsgeschichte

nen unverhältnismäßig großen Umfang ein; im Markusevangelium zum Beispiel umfaßt sie mehr als ein Drittel des Buches. Das hat manche Ausleger dazu veranlaßt, in den Evangelien »Passionsgeschichten mit ausführlicher Einleitung« zu sehen. Dabei gehen sie davon aus, daß Markus bereits eine Passionserzählung vorgelegen habe, die von ihm bearbeitet und sozusagen ›nach rückwärts‹ um solche Stoffe, die das Wirken Jesu zum Gegenstand hatten, erweitert worden sei. Dagegen steht freilich das Eigengewicht, das der Schilderung der Wirksamkeit Jesu *vor* seinem Aufbruch nach Jerusalem gerade bei Markus zukommt.

Johannes der Täufer

Bei Markus fehlt jeglicher Hinweis auf Geburt und Kindheit Jesu. Das Evangelium beginnt mit dem Bericht über das Auftreten Johannes des Täufers, der als Asket in der Wüste lebt, nach der Weise der Propheten das Volk zur Umkehr ruft, die Bußwilligen im Jordanfluß tauft und bei alledem das Kommen eines »Stärkeren« ankündigt, der nicht mehr mit Wasser, sondern mit »heiligem Geist« taufen wird.

Taufe Jesu

Als auch Jesus aus Nazareth zu ihm kommt und sich von ihm taufen läßt, widerfährt dem eine Gotteserscheinung. Der Himmel öffnet sich, der Geist Gottes läßt sich auf ihm nieder »wie eine Taube«, und eine Himmelsstimme spricht: »Du bist mein lieber Sohn, an dir habe ich Wohlgefallen« (Mk 1,11).

Beginn der Wirksamkeit Jesu

Eine kurze Notiz teilt mit, daß sich Jesus danach vierzig Tage in der Wüste aufgehalten habe. Nachdem Johannes der Täufer – wie man später erfährt, von Herodes Antipas – gefangengesetzt worden ist, kehrt Jesus in seine Heimat Galiläa zurück und beginnt, das »Evangelium Gottes« zu verkündigen: »Die Zeit ist erfüllt, und das Reich Gottes ist herbeigekommen. Tut Buße und glaubt an das Evangelium!« (Mk 1,15). Jesus sammelt Jünger um sich, vollbringt Wunderheilungen, treibt »unreine Geister« aus, setzt sich in Streitgesprächen mit Gegnern auseinander und kleidet seine Botschaft in Gleichniserzählungen.

Handeln und reden ›in Vollmacht‹

In all dem geht es um den Erweis der ihm von Gott verliehenen »Vollmacht« (griechisch *exousia*: die Freiheit, das Recht, die Fähigkeit, die Befugnis zum Handeln) über Sünde, Krankheit und Tod, aber auch über das von Gott gegebene Gesetz. Zentrum seines Wirkens ist die Stadt Kapernaum und die Gegend um den See Genezareth, das ›Galiläische Meer‹. Von seinem Wirken dort zeugen auch die Geschichten von der Stillung des Sturms (Mk 4,35-41) und von seinem Wandeln auf dem See (Mk 6,45-52); sie zeigen, daß sich seine *exousia* auch auf die Naturgewalten erstreckt. Auch andere Geschichten – so die von der wunderbaren Speisung der Fünftausend (Mk 6,30-44) und der Viertausend (Mk 8,1-9) – werden ausdrücklich am See angesiedelt. Ein Besuch in seiner Vaterstadt Nazareth (Mk 6,1-6) verläuft wenig glücklich; der Evangelist scheint andeuten zu wollen, daß ihn dort seine *exousia* verläßt (Mk 6,5). Wie ein Vorgriff auf die späteren Zeiten christlicher Mission wirkt die Geschichte von der Aussendung der zwölf Jünger – je zwei und zwei – zu eigenständigem, vollmächtigem Wirken (Mk 6,7-13). Eingefügt in diesen Zusammenhang wird auch der Bericht über die Ermordung Johannes des Täufers (6,14-29).

Einmal verläßt Jesus das jüdische Territorium und begibt sich in das heidnische Gebiet von Tyrus und Sidon (Mk 7,24-31; vielleicht muß man aber auch schon die Geschichte von der Heilung des besessenen Geraseners Mk 5,1-20 als einen solchen Ausflug bewerten). Einen deutlichen, für den Weg Jesu wichtigen Einschnitt bringt freilich erst das Petrusbekenntnis (Mk 8,27-30) in Verbindung mit der ersten Leidensankündigung (Mk 8,31-33). Jesus fragt seine Jünger: »Wer sagen die Leute, daß ich sei?« Petrus antwortet: »Du bist Christus!« Das heißt: Du bist der erwartete messianische Heilskönig der Endzeit. Darauf kündigt Jesus seinen Jüngern das Leiden, den Tod und die Auferstehung des »Menschensohnes« an. Diese Leidensankündigung wird noch zweimal wiederholt; doch beim dritten Mal ist Jesus mit seiner Schar bereits auf dem Weg nach Süden, nach Jerusalem. Zuvor wird – auch das ein deutlicher Hinweis, daß nun ein neuer Abschnitt im Wirken Jesu beginnt – noch die Geschichte von der Verklärung Jesu erzählt: Mit den Jüngern, die ihm offenbar am engsten verbunden sind – Johannes, Jakobus und Petrus – besteigt er einen Berg. Dort wiederholt sich die Gotteserscheinung, die sich bei der Taufe ereignet hatte, auf andere Weise: »Dies ist mein lieber Sohn; den sollt ihr hören!« (Mk 9,2-13).

Erste Leidensankündigung

Verklärung Jesu

Der Darstellung des Markus liegt ohne Zweifel ein bestimmtes theologisches Konzept zugrunde, das von den Auslegern mit dem Begriff des ›Messiasgeheimnisses‹ erfaßt wird: Wäh-

Messiasgeheimnis

rend seiner *öffentlichen*, von allerhand Erweisen seiner *exousia* begleiteten Wirksamkeit in Galiläa hält Jesus seine *Messianität*, seine Gottessohnschaft, *verborgen*. Den Dämonen, die seine Macht spüren (Mk 1,34; 3,12), aber auch den Geheilten (Mk 1,44; 5,43; 7,36; 8,26) wird verboten, über ihre Widerfahrnisse zu reden. Auch seine Jünger (Mk 8,30; 9,30) unterliegen solchem Schweigegebot. Erst auf dem Weg nach Jerusalem, in Gefangenschaft, Leiden und Tod, wird Schritt für Schritt sein Geheimnis enthüllt; zunächst im Kreis der Jünger (Mk 8,29; 9,7), dann in der Verhandlung vor dem Hohen Rat in Jerusalem (Mk 14,61f), schließlich unter dem Kreuz, aus dem Munde eines römischen Hauptmanns: »Wahrlich, dieser Mensch ist Gottes Sohn gewesen!« (Mk 15,39).

Einzug in Jerusalem

Aber auch bei seinem Einzug in Jerusalem (Mk 11,1-11) wird Jesus von der jubelnden Menge als Davidsohn (Mk 11,10) begrüßt. Das Geschehen, das nun folgt, wird in den Ablauf einer Woche eingefügt: Das Passafest steht vor der Tür, an dem das Volk Israel das Gedächtnis seiner Befreiung aus Ägypten begeht. Zur Zeit Jesu ist es eng mit Mazzot, dem siebentägigen Fest der ungesäuerten Brote, verbunden (ursprünglich war Mazzot ein Fest zur Gerstenernte). Der Erzählrahmen geht davon aus, daß Jesus während dieser Woche mit seinen Jüngern in dem nahe Jerusalem gelegenen Ort Betanien wohnt und jeden Abend nach dort zurückkehrt.

Passafest

Das Wirken Jesu in Jerusalem steht zunächst im Zeichen der Auseinandersetzung mit seinen Gegnern, die nach Möglichkeiten suchen, ihn aus dem Wege zu schaffen (Mk 14,1f). In Judas Iskariot, einem der zwölf Jünger, finden sie einen Verbündeten (Mk 14,10f). Zuvor verkündet Jesus seinen Jüngern noch die Zerstörung des Tempels, den Beginn der Endzeit und das Kommen des ›Menschensohnes‹ (Mk 13,1-37).

Judas

Abendmahl

Das traditionelle Festmahl in der Passanacht – der Nacht vom 14. zum 15. Nisan nach dem jüdischen Kalender, der etwa unserem März/April entspricht – hält Jesus im Kreis seiner Jünger. Dabei deutet er die überlieferten Mahlriten auf eigene Weise und stiftet so dem Mahlgeschehen einen neuen Sinn ein. Beim Brechen und Verteilen des Brotes sagt er: »Das ist mein Leib«, und zum Becher mit Wein, aus dem alle trinken: »Das ist mein Blut des Bundes, das für viele vergossen wird« (Mk 14,22-24).

Die Nacht verbringt er am Ölberg, im Garten Gethsemane. Wieder sind nur Petrus, Jakobus und Johannes bei ihm. Angeführt von Judas, erscheint eine Schar Bewaffneter und verhaftet ihn. Er wird dem Hohen Rat (hebräisch *sanhedrin*, griechisch *synedrion*), der obersten jüdischen Verwaltungs- und Gerichtsbehörde in Jerusalem, vorgeführt. Weil er sich zu seiner Gottessohnschaft bekennt, wird er wegen Gotteslästerung zum Tode verurteilt und am anderen Morgen dem römischen Statthalter Pilatus überstellt, da Todesurteile nur durch die Römer vollstreckt werden können. Pilatus möchte ihn am liebsten freigeben, wird aber von den Hohenpriestern und der Volksmenge so bedrängt, daß er ihn schließlich den Henkern zur Kreuzigung ausliefert – der schimpflichsten Todesstrafe, die die Römer kannten, und die vornehmlich an Räubern und Aufwieglern vollzogen wurde. Auf Golgatha (›Schädelstätte‹) wird Jesus um die dritte Tagesstunde – etwa neun Uhr morgens – gekreuzigt. Er stirbt um die neunte Stunde, also gegen drei Uhr nachmittags.

Verhaftung und Prozeß

Kreuzigung

Grablegung

Josef von Arimathäa, »Ratsherr« und Sympathisant Jesu, bittet den Statthalter noch vor Abend um die Freigabe des Leichnams; denn der folgende Tag ist ein Sabbat, der nach jüdischem Brauch bereits mit dem Vorabend beginnt. Der Leichnam Jesu wird in ein Leinentuch gewickelt und in ein Felsengrab gelegt, das mit einem Stein verschlossen wird.

Passionsgeschichte als Glaubenszeugnis

Wie das Markusevangelium insgesamt, so ist auch die in ihm überlieferte Passionsgeschichte nicht historisch-biographischer Bericht, sondern Glaubenszeugnis, Verkündigung, Predigt, ja, Zusammenfassung früher christlicher Lehrtraditionen. In ihr kommt zum Ausdruck, daß die ersten christlichen Gemeinden den von der römischen Besatzungsmacht – vermutlich unter Mitwirkung einheimischer Kreise – in Jerusalem hingerichteten Jesus aus Nazareth als den *Messias* (griechisch *christos*), den von Gott zum endzeitlichen Heilskönig erwählten und gesalbten ›Sohn Gottes‹ bekannten. Eine Bündelung dieses Bekenntnisses bietet die Selbstbezeugung Jesu vor dem Hohen Rat (Mk 14,61f):

Da fragte ihn der Hohepriester abermals und sprach zu ihm:
Bist du der Christus, der Sohn des Hochgelobten?
Jesus aber sprach: Ich bin's;
und ihr werdet sehen den Menschensohn sitzen

zur Rechten der Kraft und kommen mit den Wolken des Himmels.

Alttestamentliche Motive

Viele Züge der Passionsgeschichte, so zeigen die Ausleger, sind aus alttestamentlichen Motiven und Zitaten heraus gestaltet worden. Das gilt für Geschichte vom Einzug in Jerusalem mit ihrem Bezug auf Sach 9,9 und Ps 118,25f; für die Geschichte von der Tempelreinigung (Mk 11,15-18) und Jes 56,7 (Jer 7,11); für das Motiv des Verrats durch Judas (Ps 41,10); für die Flucht der Jünger, die Jesus Mk 14,26-31 weissagt (Sach 13,7; vgl. Mk 14,50ff.53ff.66ff); für die Verspottung Jesu und die Verlosung seiner Kleider Mk 15,24-32 (Ps 22,8f.19; vgl. auch Jes 52,13 bis 53,9); für sein Wort am Kreuz (Ps 22,2).

Die eigentliche Passionsgeschichte beginnt mit Mk 14,1f.10ff, wobei die Abendmahlstradition wohl ursprünglich selbständig, ohne Bezug auf das Passamahl, überliefert worden ist. Als

Historischer Kern

historischen Kern halten die meisten Ausleger die Tatsache des Aufenthaltes Jesu in Jerusalem sowie seiner Verurteilung und Hinrichtung durch die Römer fest. Ob und in welcher Weise darüber hinaus noch ein Verhör durch den Hohen Rat stattgefunden hat, scheint ihnen nicht sicher; in der vorliegenden Form spiegelt die Szene jedenfalls das Christusbild der frühen christlichen Gemeinden wider. Bei Markus steht sie zudem im Dienste seines theologischen Grundgedankens: Erst vom Ende, vom Kreuz her, läßt sich die Messianität Jesu, seine Bedeutung für die Menschen, richtig begreifen.

Leeres Grab

Am Tag nach dem Sabbat, so berichtet Markus weiter, kommen am frühen Morgen Frauen zum Grab Jesu, um den Leichnam der Sitte gemäß zu salben. Es ist der erste Tag der Woche und – wenn man den Todestag selbst mitzählt – der dritte Tag nach seiner Hinrichtung. Das Grab ist offen, der Stein, der es verschlossen hatte, weggewälzt. Im Grab erscheint ihnen ein Jüngling in einem langen, weißen Gewand, der zu ihnen spricht: »Entsetzt euch nicht! Ihr sucht Jesus von Nazareth, den Gekreuzigten. Er ist auferstanden, er ist nicht hier« (Mk 16,6). Die Frauen, so verkündet er weiter, sollen diese Nachricht dem Petrus und den Jüngern bringen; die sollen nach Galiläa gehen, wo sich Jesus ihnen zeigen wird. Die Frauen fliehen voller Entsetzen vom Grab: »Und sie sagten niemandem etwas; denn sie fürchteten sich« (Mk 16,8).

Damit schließt das Markusevangelium. Die folgenden Verse (Mk 16,9-20) wurden später angefügt; sie fehlen in den ältesten Handschriften. Markus weiß ohne Zweifel von den Erscheinungen des Auferstandenen vor seinen Jüngern (vgl. Mk 14,28; 16,7); aber sie sind nicht mehr Gegenstand seines Evangeliums. Das legt die Vermutung nahe, daß die in den anderen Evangelien überlieferten Erzählungen über die Erscheinungen Jesu ursprünglich nicht im Zusammenhang der Passionsgeschichte tradiert wurden, sondern einen eigenen, womöglich jüngeren Überlieferungskomplex begründen. **Markusschluß**

Die bessere Gerechtigkeit

»Als er aber das Volk sah, ging er auf einen Berg und setzte sich; und seine Jünger traten zu ihm« (Mt 5,1): Mit diesen Worten leitet Matthäus eine Sammlung von Reden ein, die allgemein unter der Bezeichnung ›Bergpredigt‹ bekannt ist. Eine etwas kürzere, inhaltlich in mancher Hinsicht radikalere Variante ist im Evangelium des Lukas überliefert (Lk 6,17-49). Sie wird als ›Feldpredigt‹ bezeichnet, weil dort nicht von einem Berg, sondern einem »ebenen Feld« als Ort der Ansprache die Rede ist. In ihrem Grundbestand gehen beide Textsammlungen wohl auf die Logienquelle zurück, wobei es kaum möglich ist, noch einen identischen Grund-Text hinter Berg- und Feldrede auszumachen. Zudem hat Matthäus seinen Text durch anderes Material aus der Logienquelle und aus Sonderüberlieferungen ergänzt. **Bergpredigt und Feldpredigt**

Wichtig ist der Ort, den die Bergpredigt im Gesamtaufriß des Matthäus einnimmt: Nach Geburt (Kapitel 1 und 2), Taufe (Mt 3,13-17) und Wüstenaufenthalt Jesu (Mt 4,1-11) schildert Matthäus summarisch den Beginn der Wirksamkeit Jesu in Galiläa (Mt 4,12-17), die Berufung der ersten Jünger (Mt 4,18-22) und die ersten Krankenheilungen (Mt 4,23-25). Dann folgt schon die Bergpredigt als erster der sechs großen Redekomplexe, die Matthäus in sein Evangelium einfügt. Sie besitzt also grundlegenden, programmatischen Charakter für Lehre und Verkündigung Jesu überhaupt. **Stellung im Evangelium**

Zentraler, die Einzelaussagen zusammenhaltender Begriff ist das »Himmelreich« (griechisch *basileia ton uranon*, genauer **›Himmelreich‹**

also: »die Königsherrschaft [bzw. das Königreich] der Himmel«), das bereits Mt 3,2 und 4,17 als Inbegriff der Predigt Johannes des Täufers und der Verkündigung Jesu erscheint. Die Bergpredigt zeigt, was es mit solcher Herrschaft auf sich hat. Sie beschreibt – so läßt sich zugespitzt formulieren – das Leben unter der Königsherrschaft Gottes.

Ringförmiger Aufbau

Manche Ausleger meinen, einen ringförmigen Aufbau der Bergpredigt erkennen zu können. Auch wenn ein solcher Aufbau in den Text hineininterpretiert sein sollte, kann er doch nützlich sein, sich den Inhalt der Bergpredigt zu vergegenwärtigen und einzuprägen. Im Zentrum der Redekomposition steht danach das Gebet, das mit den Worten beginnt:

Vaterunser

Unser Vater im Himmel!
Dein Name werde geheiligt.
Dein Reich komme.
Dein Wille geschehe
wie im Himmel so auf Erden.
(Mt 5,9f)

Als ›Herrengebet‹ – weil von Jesus Christus, dem Herrn der Kirche, selber gebetet und geboten – ist es Ur- und Vorbild allen christlichen Betens. Es gibt wohl kaum einen anderen biblischen Text, der die christliche Frömmigkeit so stark beeinflußt und geprägt hat, wie das Vaterunser. Es faßt die Botschaft Jesu von der Nähe Gottes, der Nähe seiner Herrschaft, prägnant zusammen und ist darum sehr gut in seinem Munde vorstellbar.

Almosengeben Beten Fasten

Ein erster Ring, der sich um das Vaterunser schließt, handelt von bestimmten Frömmigkeitspraktiken, nämlich vom Almosengeben (Mt 6,1-4), vom Beten (Mt 6,5-8) und vom Fasten (Mt 6,16-18). Die Grundregel, die an den drei Beispielen entfaltet und durchgespielt wird, lautet: Mißbraucht eure Frömmigkeit nicht, um Ansehen vor den Menschen zu gewinnen. Geht ins Verborgene, wenn ihr den Armen gute Gaben gebt, wenn ihr betet und fastet; nur so haben diese Übungen Geltung vor Gott. Ohne Zweifel ist hier – und das nicht nur in einem äußeren, sozusagen räumlichen Sinne – eine ›Verinnerlichung‹ der Frömmigkeit und damit der Gottesbeziehung intendiert.

Im zweiten Ring läßt sich eine solche übergreifende Intention auf den ersten Blick nur schwer erkennen. Es geht zunächst um die Geltung und das Verständnis des Gottesgesetzes, das das Volk Israel am Berg Sinai durch Mose empfangen hat (vgl. Ex 19 und 20). Es geht – allgemeiner – um das richtige, sinnvolle, heilsame Leben in der Nähe Gottes. Ein erster Abschnitt erklärt die Stellung Jesu zum Gesetz (Mt 5,17-20): Er ist nicht gekommen, das Gesetz aufzulösen, sondern zu erfüllen. Wer zur basile*ia* gehören will, von dem wird eine »bessere Gerechtigkeit« als die der Schriftgelehrten und Pharisäer gefordert.

Stellung zum Gesetz

›Schriftgelehrter‹ ist Bezeichnung jüdischer Theologen zur Zeit Jesu, deren Aufgabe Forschung und Lehre, aber auch Rechtsprechung auf der Basis der heiligen Schriften war. Sie gehörten meist zur religiösen Richtung der ›Pharisäer‹ (von hebräisch *parasch* = abtrennen, unterscheiden), die sich zur genauen Einhaltung des Gesetzes verpflichteten und es im Blick auf die Gegenwart auslegten.

Schriftgelehrte Pharisäer

Es folgen *Antithesen*, die direkt auf das Sinaigesetz Bezug nehmen, das, was dort geboten wird, jedoch zuspitzen und in gewisser Weise ebenfalls ›verinnerlichen‹: »Ihr habt gehört, daß zu den Alten gesagt ist ... Ich aber sage euch.« Die Antithesen gipfeln in der Aufhebung des Vergeltungsgebotes und im Gebot der Feindesliebe, das mit Recht immer wieder als Basissatz der Bergpredigt zitiert wird: »Liebt eure Feinde und bittet für die, die euch verfolgen« (Mt 5,44). Konkret wird das in der Anweisung, »dem Übel nicht zu widerstreben«: »Wenn dich jemand auf deine rechte Backe schlägt, dem biete die andere auch dar« (Mt 5,39).

Antithesen

Feindesliebe

So betrachtet, lassen sich die Regeln zum Umgang mit Besitz, anderen Menschen und Gott im letzten Drittel der Bergpredigt durchaus als Teil des zweiten Ringes um das Vaterunser verstehen: Das Vertrauen auf irdischen Besitz, die ängstliche Sorge um Leib und Leben (Mt 6,19-34), das anmaßende Urteil über andere Menschen (Mt 7,1-5), haben keinen Platz in der Nähe Gottes. Angemessen ist allein eine Haltung, die weiß, daß sie alles, was sie braucht, von Gott empfangen kann und darf (Mt 7,7-11). Der Ring schließt mit einer Zusammenfassung des Gesetzes, der sogenannten Goldenen Regel (Mt 7,12):

Umgang mit Besitz

Anmaßendes Urteil

Goldene Regel

Alles nun, was ihr wollt,
das euch die Leute tun sollen,
das tut ihnen auch!
Das ist das Gesetz und die Propheten.

Seligpreisungen Der dritte, äußere Ring wird durch die berühmten ›Seligpreisungen‹ eingeleitet, in denen den Armen, den Trauernden, den Freundlichen, den Rechtsuchenden, den Barmherzigen, den Aufrichtigen, den Friedfertigen, den Verfolgten die Nähe Gottes und darin Recht, Heil und Heilung zugesprochen wird (Mt 5,3-10):

Selig sind, die da geistlich arm sind;
denn ihrer ist das Himmelreich.
Selig sind, die da Leid tragen;
denn sie sollen getröstet werden.
Selig sind die Sanftmütigen;
denn sie werden das Erdreich besitzen...

Mahnungen und Warnungen Die Erwartung, ja, die Gewißheit einer radikalen Umkehr der irdischen Verhältnisse unter der Königsherrschaft Gottes, die hier zum Ausdruck kommt, steht auch hinter den Mahnungen und Warnungen, mit denen die Bergpredigt schließt: Der Weg, der in das Himmelreich und damit in das Leben führt, ist schmal (Mt 7,14). Zum Ziel des Weges kommt nur, wer den Willen Gottes verwirklicht (Mt 7,21) und so das Gebäude seines Lebens auf einem festen Grund errichtet (Mt 7,24-27).

Streit um die Auslegung Bis zum heutigen Tag wird in Theologie und Kirche um die richtige Auslegung der Bergpredigt gestritten. Dieser Streit wird weitgehend bestimmt durch die Frage ihrer Erfüllbarkeit und ihres Geltungsanspruchs.

Es fehlt nicht an Versuchen, diesen Anspruch einzuschränken: So sehen in ihr manche den Ausdruck einer doppelten, zweigestuften Ethik. Die Weisungen der Bergpredigt gelten nicht allen Christen, so sagen sie, sondern nur solchen, die sich in besonderer Weise dem Dienst Christi und seiner Kirche verpflichten und dafür auf Haus, Familie, Besitz und andere menschliche Sicherungen verzichten.

Andere wieder sprechen der Bergpredigt zwar eine Bedeutung für den Bereich persönlicher Gesittung und Frömmigkeit zu, nehmen jedoch das öffentliche, politische Leben ausdrücklich von ihrer Geltung aus.

Der konkrete Anspruch der Bergpredigt wird auch dort außer Kraft gesetzt, wo man sie lediglich als ›Sündenspiegel‹ sieht und faktisch ihre Unerfüllbarkeit behauptet. Ihr Sinn bestände dann darin, Menschen über die Einsicht in solche

Unerfüllbarkeit zur Erkenntnis ihrer eigenen Sündhaftigkeit zu führen.

Auch der Versuch einiger Ausleger, die Bergpredigt als eine Art »Interimsethik« für die kurze Zeitspanne bis zu der von den ersten Christen als unmittelbar bevorstehend erwarteten Wiederkunft Christi zu bestimmen, setzt sie praktisch für die Gegenwart außer Kraft.

All diese Auslegungsversuche wirken sich im Sinne einer ›Zähmung‹ der Bergpredigt und der in ihr wirksamen sozial-ethischen Dynamik aus. Sie zeigen zugleich die Schwierigkeiten, die der Umgang mit diesem Stück jesuanischer Verkündigung den etablierten Kirchen bereitet. Denn daß große Teile der Bergpredigt tatsächlich auf den historischen Jesus zurückgeführt werden können, wird von der Mehrzahl der Ausleger nicht bestritten. In der Kirchengeschichte sind es immer wieder Randgruppen gewesen, die den ernsthaften Versuch unternommen haben – und unternehmen –, nach den Weisungen der Bergpredigt zu leben.

Sinn der Brgpredigt

Der Sinn der Bergpredigt erschließt sich, wenn man sie vom Zentrum der Botschaft Jesu her interpretiert: Die von ihm verkündete Nähe Gottes zu den Menschen – »das Himmelreich ist nahe herbeigekommen« (Mt 4,17) –, die sich als ›Nähe‹ einer neuen, dem Willen Gottes entsprechenden Weltordnung realisiert, verlangt nach einer neuen Gestalt menschlichen Miteinanderlebens, nach einer neuen, »besseren Gerechtigkeit« (Mt 5,20; 6,33).

Die Frage nach der Erfüllbarkeit der Bergpredigt erfährt so eine überraschende Antwort: Wo nach ihren Weisungen gelebt und gehandelt wird, erfüllt sich Jesu Botschaft von der Nähe Gottes, der Nähe des Gottesreiches (Mt 5,3.10.19f; 6,10.13.33; 7,21). Deshalb bildet in der Tat das Vaterunser – und darin wieder die Bitte um das Kommen des Gottesreiches (Mt 6,10) – das Zentrum der Bergpredigt. Sie gilt der Jüngerschar, die für das Volk Gottes steht, und darin erst jedem einzelnen fur sich: Die Lebenspraxis, die sie in Vorschlag bringt, kann gar nicht individuell, sondern nur in der Gemeinde der Schwestern und Brüder erprobt werden.

Die Bergpredigt ist in der Tat nur sinnvoll – und darin haben die Vertreter der These von der »Interimsethik« partiell recht –, wenn sie in der ›Nähe‹ des Gottesreiches gelebt wird. Mit anderen Worten: Die ›Nähe Gottes‹ eröffnet die Möglichkeit, so zu leben und zu handeln. Für sich genommen, als allgemeine Lebensmaximen verstanden, sind die Regeln der Bergpredigt wenig hilfreich und praktikabel. Sie machen nur dort Sinn, wo Jesus aus Nazareth als ›Christus Gottes‹ geglaubt wird – als der, in dessen Leben und Leiden die zukünftige *basileia* eine gegenwärtige, schöpferische, Leben und Wirklichkeit erneuernde Gestalt gewinnt.

In Gleichnissen reden

›Verlorener Sohn‹

»Ein Vater hatte zwei Söhne. Und der jüngere von ihnen sprach zu dem Vater: Gib mir, Vater, das Erbteil, das mir zusteht.« So beginnt eines der berühmtesten Gleichnisse, das Lukas in seinem Evangelium überliefert – die Geschichte vom verlorenen Sohn, oder besser: die Geschichte vom barmherzigen Vater und seinen beiden verlorenen Söhnen.
Auch wer die Bibel nicht liest, kennt doch meist diese Geschichte: Wie der jüngere Sohn in die Fremde zieht, dort sein Hab und Gut verpraßt. Wie er dann heimkehrt zum Vater und von ihm in die Arme geschlossen, in alle seine Rechte wieder eingesetzt wird. Wie der ältere Sohn, der zuhause geblieben war, darüber in Zorn gerät und gegen den Vater aufbegehrt. Eine Geschichte, die mit all ihren anschaulichen Einzelheiten auf der Erde bleibt: Warum sollte es hier nicht solche Söhne und einen solchen – zugegeben, unwahrscheinlich guten – Vater geben? Eine Geschichte, die dennoch vom Himmel – genauer: vom Königreich Gottes – erzählt und uns so eine Kernaussage der Botschaft Jesu übermittelt: Gott sucht das Verlorene. Er schließt die »Zöllner und Sünder« (Lk 15,1) nicht aus, sondern öffnet ihnen den Zugang zu seinem Reich.

Zöllner

Zöllner und Sünder: Beide Gruppen stehen für Menschen, die aus der Gemeinschaft des Volkes Gottes und damit aus der Gottesgemeinschaft ausgeschlossen sind, weil ihnen der Wille oder die Möglichkeit fehlt, uneingeschränkt nach dem Gottesgesetz zu leben. Die Zöllner – eine Personengruppe, die immer wieder in den Evangelien in der Nähe Jesu erscheint – waren Zollpächter, die gegen Zahlung einer fixen jährlichen Summe das Recht erworben hatten, Zölle einzutreiben. Da etwaige Überschüsse ihnen verblieben, standen sie in ständiger Versuchung, ihr Amt zu mißbrauchen. Außerdem ließ ihr Umgang mit Fremden und der römischen Besatzungsmacht sie als ›unrein‹ erscheinen.

Gleichnisse

Gleichnissen eignet, modern gesprochen, Symbolcharakter. Sie weisen über sich hinaus, bedeuten neben dem, was sich in ihnen unmittelbar und auf den ersten Blick abbildet, noch etwas anderes. Sie besitzen einen »symbolischen Mehrwert«, der zur Interpretation einlädt, zum Weiterdenken, Weiterdeuten. Ein echtes *Gleichnis* liegt nach Meinung zahlreicher Ausleger nur dort vor, wo sich dieser Verweis auf eine andere Wirklichkeit, eine andere Sinnebene, auf einen einzigen, wesentlichen Vergleichspunkt beschränkt. Dabei wird noch einmal zwischen der *Gleichniserzählung*, der *Parabel* und der *Bildrede* unterschieden. Die *Bildrede*, die sich als ein *ausgeführter Vergleich* gibt, gilt als *Gleichnis* im engeren, eigentlichen Sinne.

Gleichnis-erzählung
Parabel
Bildrede

Bildrede als ausgeführter Vergleich: ›Senfkorn‹

»Das Himmelreich gleicht einem Senfkorn, das ein Mensch nahm und auf seinen Acker säte« (Mt 13,31). *Das Himmelreich gleicht*: Mit dieser Wendung beginnen zahlreiche Gleichnisse. Genauer wäre sie zu übersetzen: *Mit dem Himmelreich verhält es sich wie mit...* Vergleichspunkt ist nicht das Senfkorn, sondern der gesamte Vorgang, den die *Bildrede* schildert. In diesem Beispiel ist es der überraschende, unerwartete Gegensatz zwischen der Kleinheit des Senfkorns und der Größe der Staude, die daraus hervorgeht. Der Bezug auf die unscheinbaren Anfänge der Reich-Gottes-Verkündigung Jesu und der erwarteten, erhofften Größe der vollendeten Königsherrschaft Gottes ist deutlich. Dabei darf nicht übersehen werden, daß auch *ausgeführte Vergleiche* dieser Art einen Handlungskern und damit ein – wenn auch nicht entfaltetes – Moment der Erzählung enthalten.

Allegorie

Einer anderen Kategorie werden jene Texte zugeordnet, deren Sinn sich nur dadurch erschließt, daß man sie Punkt für Punkt auf eine zweite, ›eigentlich‹ gemeinte Wirklichkeit hin interpretiert. Die unmittelbar anschauliche Bild- und Erzählebene ist hier nur Staffage, macht in sich letztlich keinen Sinn. Die Ausleger sprechen in solchem Fall von einer *Allegorie*.

Daß die Grenzen nicht immer scharf zu ziehen sind, ja, daß die Bestimmung als *Parabel* oder *Allegorie* auch eine Sache der Interpretation ist, zeigt sich unter anderem am Gleichnis vom verlorenen Sohn: Ist es schon Allegorese, wenn man im jüngeren Sohn die »Zöllner und Sünder«, im älteren Sohn die gesetzestreuen Schriftgelehrten und Pharisäer, im barmherzigen Vater Gott erkennt?

Parabel: ›Ungerechter Verwalter‹

Ein Paradebeispiel für eine klassische *Parabel*, die nur *einen* Vergleichspunkt erlaubt, bietet Lk 16,1-7: Ein Verwalter, der offenbar nicht ganz korrekt gewirtschaftet hat, wird von seinem Herrn zur Rechenschaftslegung aufgefordert. Rasch entschließt er sich, die ihm noch verbleibende Zeit und Vollmacht zu nutzen und den Schuldnern seines Herrn einen großen Teil ihrer Verpflichtungen zu erlassen, in der Hoffnung, daß diese sich erkenntlich zeigen werden, wenn er demnächst sein Amt verlieren wird. »Und der Herr« – gemeint ist wohl Jesus – »lobte den ungetreuen Verwalter, weil er klug gehandelt hatte« (Lk 16,8).

Es ist klar, daß dieses Gleichnis sich einer allegorischen Deutung entzieht, sondern nur einen Vergleichspunkt enthält: die rasche Entschlossenheit des Verwalters in einer kritischen Situation, die über sein künftiges Wohl und Wehe entscheidet. Es liegt nahe, dabei an die durch Jesus heraufgeführte kritische Situation, die eine Entscheidung für oder gegen das ›Reich Gottes‹ fordert, zu denken. Und doch versucht Lk 16,9 eine andere Interpretation, allegorisiert Elemente der Parabel: Die Christen sollen, so heißt es, von ihrem Besitz einen ähnlichen Gebrauch im Blick auf ihr ewiges Heil machen, wie es der Verwalter im Blick auf sein irdisches Wohl tut.

Allegorie: ›Böse Weingärtner‹

Eine klassische *Allegorie* – griechisch *allegoria*, eine literarische Form, in der alles etwas anderes bedeutet – ist das Gleichnis von den bösen Weingärtnern Mk 12,1-12. Es macht, für sich genommen, wenig Sinn, enthält jedenfalls eine ganze Reihe von Elementen, die man nur dann versteht, wenn man sie von vornherein als Platzhalter des ›eigentlich‹ Gemeinten begreift:

Ein Mensch pflanzt einen Weinberg, sichert ihn nach allen Regeln der Kunst, verpachtet ihn und geht außer Landes – so weit, so gut. Um seine Pacht einzutreiben, sendet er einen Knecht nach dem anderen; die werden jedoch von den Weingärtnern geschlagen, geschmäht und getötet. Schließlich sendet er seinen »geliebten Sohn«; auch der wird umgebracht, sein Leichnam wird vor den Weinberg geworfen.

Zug um Zug fordert diese Geschichte dazu auf, sie in die ›eigentlich‹ gemeinte Wirklichkeit zu übersetzen: Der Besitzer des Weinbergs ist Gott, Israel ist der Weinberg, die Weingärtner sind die Führer des Volkes, die Knechte sind die Propheten, der »geliebte Sohn« ist Christus, und daß er »hinaus vor den Weinberg« geworfen wird, deutet auf seinen schimpflichen Tod durch die Römer.

Beispielerzählung

Als eine vierte Kategorie neben *Bildrede*, *Parabel* und *Allegorie* erscheint bei vielen Auslegern die *Beispielerzählung*: Sie fordert unmittelbar zur Nachahmung auf, trägt ihren Sinn in solcher Hinsicht in sich selbst, weist nur insofern über sich hinaus, als das in ihr geschilderte vorbildliche Verhalten natürlich auf Verallgemeinerung, auf Anwendung in anderen Situationen, drängt. Sie besitzt, wie der Name schon sagt, *exemplarische* Bedeutung für das Leben unter der Königsherrschaft Gottes.

›Barmherziger Samariter‹

Die berühmteste *Beispielerzählung* des Neuen Testaments ist ohne Zweifel die Geschichte vom barmherzigen Samariter (Lk 10,25-37): Ein Mann wird niedergeschlagen, ausgeraubt, bleibt in einer einsamen Gegend hilflos am Wege liegen. Ein Priester und ein Levit – offenbar auf dem Wege zum Tempeldienst – gehen vorbei, ohne zu helfen. Ein Samariter – Angehöriger einer mit den Juden verfeindeten, als religiös minderwertig eingestuften Bevölkerungsgruppe – hilft ihm auf, pflegt seine Wunden, bringt ihn in eine Herberge, bezahlt für ihn. Die Moral scheint deutlich: »So geh hin und tu desgleichen!« (Lk 10,37).

Daß auch eine solche Erzählung allegorischer Deutung offensteht, zeigen Versuche, den Samariter mit Jesus Christus zu identifizieren. Doch ist auch die Unterscheidung von *Parabel* und *Beispielerzählung* mehr eine Frage der Interpretation als eine Frage der Zugehörigkeit zu einer bestimmten literarischen Gattung. Das Gleichnis vom barmherzigen Samariter wird in seiner Aussage erheblich verkürzt, wenn nicht gar mißverstanden, wenn man es nur als Anweisung zu einem bestimmten ethischen Verhalten liest. Der Erzählrahmen, in dem es steht, möchte es als Antwort auf die Frage nach dem ›Nächsten‹, dem Mitmenschen, verstanden wissen (Lk 10,25-29.36f). Die Antwort, die es auf diese Frage gibt, ist paradox, insofern sie die Kategorie des

Frage nach dem ›Nächsten‹

›Nächsten‹ im traditionellen Sinne aufhebt. Das alles läßt sich kaum unter den Begriff der ›Beispielgeschichte‹ subsumieren.

Neben den genannten größeren Einheiten der *Bildrede* bzw. des *ausgeführten Vergleichs*, der *Parabel*, der *Allegorie* und der *Beispielerzählung* unterscheiden die Ausleger noch eine Reihe kleinerer Einheiten gleichnishafter, metaphorischer Rede.

Metapher »Wie eng ist die Pforte und wie schmal der Weg, der zum Leben führt« (Mt 7,14): Grundfigur aller Gleichnisrede ist die *Metapher*, die zwei ursprünglich getrennte Sinnbereiche zusammenführt, das eine im anderen sehen läßt, ungewohnte Pfade durch das Universum der Bedeutungen schlägt und dadurch häufig einen überraschenden Sinn- und Erkenntnisgewinn erzielt.

Vergleich »Seid klug wie die Schlangen und ohne Falsch wie die Tauben« (Mt 10,16): Die Metapher verengt sich zum *Vergleich*, wenn ihr Bedeutungsspielraum beschnitten, ihr Sinn auf einen einzigen Vergleichspunkt eingeengt wird.

Bildwort »Es kann die Stadt, die auf einem Berge liegt, nicht verborgen sein« (Mt 5,14): Die Metapher erweitert sich zum *Bildwort*, der Vorstufe des eigentlichen Gleichnisses, wenn als Bildspendebereich ein ganzer Anschauungskomplex – die Stadt, der Berg, der Blick, der Weg nach oben – fungiert.

Hyperbel »Wenn dich aber dein rechtes Auge zum Abfall verführt, so reiß es aus und wirf's von dir« (Mt 5,29): Metaphorischen Charakter besitzt, recht verstanden, auch die *Hyperbel*, die Übertreibung. Wer sie ›wörtlich‹ nimmt, verfehlt ihren Sinn.

Paradoxie Aus dem Spiel der Bedeutungen – genauer: dem Zusammenspiel ›eigentlicher‹ und ›uneigentlicher‹, metaphorischer Bedeutungen – bezieht auch die *Paradoxie* ihren Sinn: »Denn wer sein Leben erhalten will, der wird's verlieren...« (Mk 8,35).

Parabeltheorie Warum redet Jesus in Gleichnissen? Markus findet in seinem Evangelium eine Antwort, die sich in seine, von der Vorstellung des ›Messiasgeheimnisses‹ bestimmte theologische Konzeption fügt:

Euch ist das Geheimnis des Reiches Gottes gegeben;
denen aber draußen widerfährt es alles in Gleichnissen,
damit sie es mit sehenden Augen sehen
und doch nicht erkennen,

und mit hörenden Ohren hören
und doch nicht verstehen.
(Mk 4,11f)

Sinngewinn durch metaphorische Rede

Das heißt: Die Gleichnisse dienen dazu, die Botschaft Jesu zu verhüllen und zu verbergen, nicht, sie zu verdeutlichen. Sie sind Rätselreden, die sich nur dem Eingeweihten erschließen, der über den richtigen Schlüssel verfügt. Das mag im Rahmen der markinischen Konzeption stimmig sein; auf's ganze gesehen, legt sich jedoch eine andere Deutung näher. Sie ergibt sich aus den oben geschilderten, sinn- und erkenntniserweiternden Leistungen metaphorischer Rede:
Es ist wohl zu allen Zeiten so, daß sich neue Botschaften, in denen sich ein neues, bislang unerhörtes Verständnis von Gott und Mensch, Welt und Leben ausspricht, nicht im vertrockneten Gehäuse überlieferter, erstarrter Begrifflichkeiten darstellen und vermitteln lassen. Solche Botschaften brauchen die Metapher, das Gleichnis, um überhaupt zu sich selbst und zu den Menschen finden zu können. Das ist nicht nur eine Sache der Didaktik, wie manchmal behauptet wird – so, als ob sich Jesus aus pädagogischem Interesse metaphorischer Sprache bediene. Es ist vielmehr so, daß die Botschaft – weil sie so neu, so unerhört, so ungesagt ist – zuerst nur in der offenen Gleichnisrede Gestalt und Sprache gewinnen kann, die das Universum der Bedeutungen neu ordnet, neue Denk- und Lebenswege eröffnet. So bedient sich die neue Botschaft nicht nur der metaphorischen Rede; sie findet in ihr überhaupt erst zur Welt.

Die Taten der Apostel

Apostelgeschichte

»Ihr werdet die Kraft des heiligen Geistes empfangen, der auf euch kommen wird, und werdet meine Zeugen sein in Jerusalem und in ganz Judäa und Samarien und bis an das Ende der Erde« (Apg 1,8): Mit diesen Worten nimmt der auferstandene Jesus Abschied von seinen Jüngern. Danach wird er vor ihren Augen von einer Wolke weggenommen. Es beginnt eine neue Geschichte, die von der Ausbreitung der Christusbotschaft handelt, vom Weg des Evangeliums von Jerusalem nach Rom, in die Hauptstadt des Reiches. Der Verfasser des Lukas evangeliums hat auch diese Geschichte aufgeschrieben, und er nimmt zu Beginn des neuen Buches ausdrücklich auf sein erstes Werk Bezug: »Den ersten Bericht habe ich gegeben, lieber Theophilus, von all dem, was Jesus von Anfang an tat und lehrte...« (Apg 1,1).

Gliederung Die Gliederung des zweiten Buches, das später die Überschrift *Apostelgeschichte* (genauer: ›Die Taten der Apostel‹) erhält, deutet Lukas bereits in Apg 1,8 an: Die Kapitel 1 bis 5 handeln von der ersten Christengemeinde in Jerusalem. In den Kapiteln 6 bis 12 geht es um die Mission der ersten Christen in Judäa und Samarien. Im Mittelpunkt der Kapitel 13 bis 28 steht das Missionswerk des Paulus, das ihn schließlich bis nach Rom führt.

Pfingstereignis Vierzig Tage lang, so weiß Lukas, zeigt sich der auferstandene Jesus seinen Jüngern, bevor er sich in der beschriebenen Weise auf dem Ölberg bei Jerusalem von ihnen verabschiedet. Am fünfzigsten Tag (griechisch *pentekoste*, eingedeutscht ›Pfingsten‹; die Juden feiern *Schabuoth*, das Wochenfest) beginnen die Jünger in Jerusalem mit der öffentlichen Verkündigung des Evangeliums von Jesus, dem Christus. Nicht aus eigener Kraft, sondern vom Geist Gottes dazu getrieben, wie Lukas zu berichten weiß: Er schildert den Vorgang als ein wunderbares Ereignis, bei dem der Geist Gottes wie Sturmesbrausen und in Gestalt feuriger Zungen über die Jünger kommt. Jeder in der Menge, so heißt es, »hörte sie in seiner eigenen Sprache reden« (Apg 2,6).

Die Predigt, die Petrus hält, gipfelt in der Botschaft vom gekreuzigten Jesus aus Nazareth: »So wisse nun das ganze Haus Israel gewiß, daß Gott diesen Jesus, den ihr gekreuzigt habt, zum Herrn und Christus gemacht hat« (Apg 2,36). Dreitausend, so will Lukas wissen, lassen sich daraufhin taufen. Die erste christliche Gemeinde hat sich gebildet: »Sie blieben aber beständig in der Lehre der Apostel und in der Gemeinschaft und im Brotbrechen und im Gebet« (Apg 2,42).

Quellen Die Ausleger, die es insgesamt für wenig wahrscheinlich halten, daß der Verfasser der Apostelgeschichte wirklich ein Begleiter des Paulus war, fragen nach den Quellen, die er für sein Werk benutzt haben könnte. Dabei richtet sich ihr Augenmerk insbesondere auf Abschnitte im zweiten Teil des Buches, die im Wir-Stil gehalten sind (Apg 16,10-17.40; 20,5-15; 21,1-

18; 27,1 bis 28,16). Sollte es sich dabei womöglich um eine Art Reisetagebuch handeln? Oder wird die 1. Person Plural nur als Stilmittel benutzt, um den Anschein einer Augenzeugenschaft zu erwecken?
Das Quellenproblem der Apostelgeschichte ist bis heute noch nicht überzeugend gelöst. Fest scheint nur zu stehen, daß Lukas den von ihm verfaßten Rahmen des Buches mit allerhand Einzelüberlieferungen von unterschiedlichem historischem Wert gefüllt hat. Über die Zuverlässigkeit der Apostelgeschichte als historische Quelle kann nicht, darin sind sich die Ausleger einig, unabhängig von den erzählerischen Absichten des Lukas und der theologischen Konzeption entschieden werden, die er vertritt.

Konflikte

Bald schon kommt es zu Konflikten der Jerusalemer Gemeinde mit der jüdischen Obrigkeit. Mehrfach werden die führenden Männer der Gemeinde verhaftet und dem Hohen Rat vorgeführt. Konflikte in der Gemeinde selbst – nämlich zwischen ihren aramäisch und griechisch sprechenden Gliedern – werden Apg 6,1-7 angedeutet. Sie führen, so läßt sich erschließen, zur Bestellung eines eigenen siebenköpfigen Leitungsgremiums für die hellenistische Gemeinde.

Zwölf Apostel?

Der Schilderung des Lukas liegt die Vorstellung zugrunde, daß Jesus zwölf Jünger, *Apostel* genannt (griechisch *apostolos* = Gesandter), um sich gesammelt habe (vgl. Mt 10,2; Lk 6,13; 9,10). In ihren Händen hätte dann auch – nachdem der Kreis nach dem Ausscheiden des Judas ergänzt worden sei (Apg 1,15-26) – die Leitung der ersten Gemeinde gelegen. Daß Jesus einen Zwölferkreis um sich gesammelt hat, der die zwölf Stämme Israels repräsentierte, kann kaum bezweifelt werden (vgl. 1 Kor 15,5). Inwieweit dieser Kreis dann tatsächlich als Leitungsgremium in Jerusalem fungiert hat, ist fraglich. Die Beschränkung des Apsteltitels auf die ›Zwölf‹ scheint erst durch Lukas erfolgt zu sein; überall begegnet sonst ein sehr viel weiterer Apostelbegriff.

Verfolgung

Eine erste blutige Verfolgung richtet sich offenbar gegen den griechisch sprechenden Teil der Jerusalemer Gemeinde. Ihr fällt ein Mitglied des siebenköpfigen Leitungsgremiums der Hellenisten, Stephanus, zum Opfer. Er gilt als erster christlicher Märtyrer (Apg 6,8 bis 7,60). Bei seiner Steinigung ist Saulus, der auch Paulus heißt, dabei. Er beteiligt sich aktiv an der Verfolgung der Gemeinde (Apg 7,58; 8,1-3). Philippus, ein anderes Mitglied des Siebenerkreises, verschlägt es nach Samaria, wo er erfolgreich für das Evangelium wirkt (Apg 8,4-8). Von ihm wird auch berichtet, wie er den Finanzminister der Kandake, der Königin von Äthiopien, bekehrt und tauft (Apg 8,26-40).

Bekehrung des Paulus

Apg 9,1-31 erzählt die Bekehrung des Paulus: Er ist unterwegs nach Damaskus, um die Christen dort zu verfolgen. Unterwegs hat er eine Christuserscheinung: Plötzlich ist er von Himmelslicht umgeben, und er hört eine Stimme: »Saul, Saul, was verfolgst du mich?« Auf seine Frage erhält er zur Antwort: »Ich bin Jesus, den du verfolgst.« Als Blinder kommt Paulus nach Damaskus, wo die christliche Gemeinde Kontakt mit ihm aufnimmt. Er läßt sich taufen, predigt in den Synagogen von Jesus, muß schließlich über Nacht fliehen, kommt ein erstes Mal zu den Aposteln nach Jerusalem und kehrt von dort zurück in seine Heimatstadt Tarsus.

Autobiographische Notizen

Die Geschichte von der Bekehrung des Paulus wird noch zweimal in der Apostelgeschichte, beidemale von Paulus selber (Apg 22,3-16; Apg 26,9-18), erzählt. Auch in seinem Brief an die Galater nimmt Paulus auf die Ereignisse Bezug (Gal 1,13 bis 2,3). Danach stellen sich manche Sachverhalte freilich anders dar, als uns Lukas berichtet:

Nachdem sich Christus dem Paulus offenbart und ihn beauftragt hat, das Evangelium unter den Nichtjuden, den Heiden, zu verkünden – Einzelheiten des Erlebnisses erfahren wir von Paulus selber nicht –, geht er zunächst nach Arabien und kehrt nach einiger Zeit von dort nach Damaskus zurück. Erst drei

Chronologische Angaben

Jahre später reist er ein erstes Mal nach Jerusalem, wo er sich fünfzehn Tage aufhält und Petrus sowie Jakobus, den Bruder Jesu, trifft. Von dort geht er nach Syrien und Zilizien, der angrenzenden Landschaft im Südosten Kleinasiens, wo auch Tarsus liegt. Erst vierzehn Jahre später sucht er wieder Jerusalem auf, um dort am sogenannten Apostelkonzil (Apg 15,1-29) teilzunehmen.

Eine einigermaßen deutliche Vorstellung vom Wirken des Paulus zu gewinnen, ist wichtig, um seine Briefe richtig einordnen zu können, die ja einen großen Teil des Neuen Testaments ausmachen. Dabei besitzen die Informationen, die sich in den Paulusbriefen selber finden, Vorrang vor den Angaben der Apostelgeschichte. Andererseits bleiben wir, was das Gerüst der Biographie des Paulus betrifft, auf die Mitteilungen des Lukas angewiesen.

Taufe des Kornelius

Nach der Schilderung der Bekehrung des Paulus kehrt die Erzählung des Lukas noch einmal nach Judäa, in die Gegend um Jerusalem, zurück. Sie berichtet vom Wirken des Petrus, der den römischen Hauptmann Kornelius, also einen Heiden, tauft. Dafür muß sich Petrus in Jerusalem rechtfertigen (Apg 10,1 bis 11,18).

1. Missionsreise

Lukas führt uns dann nach Antiochien in Syrien (vgl. schon Apg 11,19-30), wo sich Paulus und Barnabas auf ihre erste Missionsreise vorbereiten. Sie führt die beiden Missionare dann über die Hafenstadt Seleuzia zu Schiff nach Zypern und Kleinasien, wo sie die Regionen Pamphylien, Pisidien und Lykaonien besuchen. Von dort kehren sie auf gleichem Wege nach Antiochien zurück (Apg 13,1 bis 14,28).

Apostelkonzil

Es folgt die Schilderung des Apostelkonzils (Apg 15,1-29), die in gewisser Weise das innere Zentrum der Apostelgeschichte bildet: Judenchristen aus Judäa stiften Unruhe in Antiochia. Sie verlangen, daß die Heidenchristen dort sich nach der Ordnung des jüdischen Gesetzes beschneiden lassen. Paulus, Barnabas und andere (Paulus selber erwähnt ausdrücklich Titus, einen nichtbeschnittenen Heidenchristen!) reisen nach Jerusalem, um die Angelegenheit mit den Aposteln zu klären. Der Entscheid der Apostel ergeht in einem Brief, den diese an die Heidenchristen in Antiochia, Syrien und Zilizien richten (das sogenannte ›Aposteldekret‹); er enthält einen Kompromiß. Die Beschneidung wird von den Heidenchristen nicht verlangt, aber sie sollen einige rituelle Mindestforderungen erfüllen: Verbot von Götzendienst und Unzucht, Verzicht auf nicht rituell geschlachtetes Fleisch und Blutgenuß.

Auseinandersetzung in Antiochien

Was den Anlaß betrifft, stimmt die Schilderung des Paulus im Galaterbrief mit Lukas überein. Nur das Ergebnis sieht anders aus: Keine Auflagen an die Heidenchristen – außer der Verpflichtung, die Jerusalemer materiell durch eine Sammlung zu unterstützen (Gal 2,10). Dazu eine schiedlich-friedliche Aufteilung der Missionsbereiche: »...und wurden mit uns eins, daß wir unter den Heiden, sie aber unter den Juden predigen sollten« (Gal 2,9).

Paulus berichtet freilich im Galaterbrief (Gal 2,11-21) noch von einer anderen, schweren Auseinandersetzung mit Petrus und den Judenchristen in Antiochien: Petrus hält mit den Heidenchristen dort Tischgemeinschaft, was sicher auch die Gemeinschaft beim Abendmahl meint. Als einige »Leute des Jakobus« aus Jerusalem in Antiochien auftauchen, brechen er und andere Judenchristen – unter anderem auch der Missionsgefährte des Paulus, Barnabas – die Tischgemeinschaft mit den Unbeschnittenen ab. Dies tun sie offenbar weniger aus eigener Überzeugung, als aus Furcht vor den Jerusalemern. Für Paulus entscheidet sich an dieser Frage die Heilsbedeutung des Glaubens an Jesus, den Christus: Bringt dieser Glaube die Gerechtigkeit vor Gott und damit das Heil, oder hängt es an der Befolgung des Mose-Gesetzes und seiner rituellen Vorschriften? »Doch weil wir wissen, daß der Mensch durch Werke des Gesetzes nicht gerecht wird, sondern durch den Glauben an Jesus Christus,« schreibt er, »sind auch wir zum Glauben an Christus Jesus gekommen, damit wir gerecht werden durch den Glauben an Christus und nicht durch Werke des Gesetzes; denn durch Werke des Gesetzes wird kein Mensch gerecht« (Gal 2,16).

Intentionen des Lukas

Doch Lukas scheint kaum an der Erörterung dieses fundamentalen Gegensatzes interessiert. Ihm liegt offenkundig daran, das Verhältnis zwischen Paulus und den ›Aposteln‹ in Jerusalem – wie auch das Verhältnis von Heidenchristen und Judenchristen – zu harmonisieren. Jerusalem gilt ihm als Hauptort der Christenheit, als Mittelpunkt und Ausgangsbasis aller kirchlichen Aktivitäten. Darum entwirft er auch ein überaus ideales Bild der Frühzeit, insbesondere der Urgemeinde in Jerusalem (vgl. dazu die sogenannten *Summarien* Apg 2,42-47; 4,32-35; 5,12-16, von denen die Ausleger annehmen, daß sie weitgehend aus der Feder des Lukas stammen). Daß Lukas sich das Jerusalemer Apostelkollegium als eine Art Leitungsgremium der Gesamtkirche vorstellt, macht auch seine Schilderung des ›Apostelkonzils‹ deutlich.

›Zeit der Kirche‹

Damit folgt er der theologischen Konzeption, die schon sein Evangelium erkennen läßt. Das Ausbleiben des in allernächster Zukunft erwarteten Wiederkommens Jesu, der *Parusie* (griechisch *parousia* = Anwesenheit, Ankunft), das die frühe Christenheit sehr beschäftigt hat, verarbeitet er auf seine Wei-

se: Die Zeit zwischen der Himmelfahrt Jesu und seiner Wiederkunft gilt ihm als ›Zeit der Kirche‹, in der die Christengemeinde – vom Geist Gottes bewegt und geleitet – das Evangelium »bis an das Ende der Erde« (Apg 1,8) ausbreitet.
Sowohl im Evangelium wie in der Apostelgeschichte verbindet sich das mit einer Art politischer Apologetik: Lukas möchte wohl dem römischen Staat verdeutlichen, daß ihm durch die Christen keine Bedrohung seines politischen Machtanspruchs erwächst. Darum entlastet er in seiner Schilderung des Prozesses Jesu den römischen Statthalter, belastet im Gegenzug die jüdischen Gegner Jesu. Einen ähnlichen Zweck verfolgen auch die Verteidigungsreden des Paulus, die dieser im Zuge seines Prozesses hält (Apg 22,1-21; 24,10-21; 26,1-23; 28,17-28). Manche haben darum vermutet, daß es sich bei der Apostelgeschichte überhaupt um eine Art Verteidigungsschrift für Paulus handele.

Verteidigungsschrift für Paulus?

Von Jerusalem nach Rom

Zerwürfnis mit Barnabas

»Nach einigen Tagen sprach Paulus zu Barnabas: Laß uns wieder aufbrechen und nach unsern Brüdern sehen in allen Städten, in denen wir das Wort des Herrn verkündigt haben, wie es um sie steht«: Ab Kapitel 15,36 steht die Apostelgeschichte ganz im Zeichen des Paulus und seiner Missionsreisen. Paulus hält es nicht in Antiochien. Der Bruch mit Barnabas, den Apg 15,36-40 schildert, mag auch mit den erwähnten Ereignissen in Antiochien zusammenhängen, von denen wir nur im Galaterbrief etwas erfahren.

2. Missionsreise

Die zweite Reise, zu der Paulus gemeinsam mit Silas aufbricht, führt die Missionare zunächst auf dem Landweg nach Kleinasien, über Zilizien, Lykaonien, Phrygien, Galatien bis ins Landesinnere, von da über Mysien zur Hafenstadt Troas. Dort erscheint dem Paulus ein Mazedonier in einem nächtlichen Gesicht und bittet ihn: »Komm herüber nach Mazedonien und hilf uns!« (Apg 16,9). Er folgt dem Ruf, geht zu Schiff nach Samothrake, von dort weiter nach Neapolis und Philippi.

Ruf nach Europa

Philippi

Man muß eine der Karten, die die Missionsreisen des Paulus verzeichnen, zu Hilfe nehmen, um sich eine konkrete Vorstellung von seiner Reiseroute machen zu können. In Philippi finden Paulus und sein[e] Gefährte[n] Aufnahme im Hause der Purpurhändlerin Lydia. Sie heilen eine Magd, berühren damit die kommerziellen Interessen ihrer Besitzer, werden festgenommen, durch ein mitternächtliches Erdbeben von ihren Fesseln befreit, worauf sich der Gefängnisaufseher mit »allen, die in seinem Hause waren«, taufen läßt (Apg 16,11-40).

Athen Die nächsten Stationen der Reise sind Thessalonich, Beröa und Athen, wo Paulus eine Rede auf dem Areopag hält (Apg 17,16-34; ob damit die Gerichtsbehörde dieses Namens oder nur der Ort gemeint ist, an dem sie zu tagen pflegte, geht aus dem Bericht nicht hervor). Wesentlich erfolgreicher als in **Korinth** Athen wirkt Paulus in Korinth. Dort findet er Aufnahme bei einem kürzlich aus Rom vertriebenen Ehepaar namens Aquila und Priszilla (Apg 18,2). Gegen Ende seines anderthalbjährigen Aufenthaltes in Korinth kommt es zu einer Anklage gegen ihn vor dem römischen Prokonsul Gallio (Apg 18,12-17). Über Ephesus, Cäsarea und Jerusalem kehrt Paulus schließlich nach Antiochien zurück.

Chronologie des Paulus Die Angaben über die Vertreibung von Aquila und Priszilla aus Rom und über das Verfahren vor Gallio sind wichtig für die Chronologie der Wirksamkeit des Paulus: Nach der sogenannten Gallio-Inschrift, einem in Stein gehauenen Brief des Kaisers Klaudius an die Stadt Delphi, war Gallio in den Jahren 51/52 nach Christus Prokonsul in Achaia. Auch die Vertreibung römischer Juden unter Kaiser Klaudius (41-54 nach Christus) ist durch andere Quellen bezeugt. Der Aufenthalt des Paulus in Korinth wäre demnach zwischen 49/50 und 51/52 anzusetzen.

Die Missionsreise, die ihn erstmals nach Mazedonien und Griechenland führte, könnte er im Jahre 48 oder 49 angetreten haben. Entsprechend kommt für das sogenannte Apostelkonzil, verbunden mit dem zweiten Besuch des Paulus in Jerusalem (vgl. Gal 2,1), ebenfalls das Jahr 48 oder 49 infrage. Rechnet man nach Gal 2,1 rund vierzehn Jahre zurück, kommt man auf das Jahr 34/35 (vielleicht auch erst 36) für den in Gal 1,18-20 erwähnten ersten Jerusalembesuch. Der Aufenthalt in Syrien und Zilizien, von dem Paulus spricht (Gal 1,21), gegebenenfalls auch die von Lukas berichtete 1. Missionsreise nach Kleinasien, hätte dann den Zeitraum dazwischen ausgefüllt. Wiederum rund drei Jahre zuvor (Gal 1,18) wäre dem-

nach das Damaskuserlebnis anzusetzen (frühestens 31/32, spätestens 33/34 nach Christus).
Die Daten müssen notwendig vage bleiben; weder steht fest, wie genau man die zeitlichen Angaben im Galaterbrief nehmen darf, noch, wie lange die Aufenthalte des Paulus in Philippi, Thessalonich und Korinth wirklich gedauert haben.

Paulusbriefe

Ohne Zweifel gehören der Schritt nach Europa und die Gründung der Christengemeinden in Philippi, Thessalonich und Korinth zu den wichtigsten Ereignissen im Wirken des Paulus. Das Neue Testament enthält Briefe, die Paulus an die drei Gemeinden geschrieben hat: den 1. Thessalonicherbrief (der 2. Brief an die Thessalonicher ist ziemlich sicher nicht von Paulus), die beiden Korintherbriefe und den Brief an die Philipper. Aus ihnen läßt sich ein recht authentisches Bild von der Situation in den drei Gemeinden gewinnen.

1. Thessalonicherbrief

Der älteste uns erhaltene Brief – und damit die älteste Schrift im Neuen Testament überhaupt – ist vermutlich der Brief an die Gemeinde in Thessalonich. Man nimmt an, daß Paulus ihn während seines Aufenthaltes in Korinth – also um das Jahr 50 herum – geschrieben hat. Die Reiseroute, die sich aus ihm erschließen läßt, deckt sich mit den Angaben der Apostelgeschichte: Bevor Paulus nach Thessalonich kommt, hält er sich in Philippi auf. Dort muß er allerhand Mißhandlungen erdulden (1 Thess 2,2; von der ehrenvollen Rehabilitation durch die städtische Obrigkeit, die Lukas Apg 16,35-40 erzählt, berichtet er nichts).
Paulus muß auch viel länger in Thessalonich geblieben sein, als die Apostelgeschichte zu erkennen gibt. Seinen Lebensunterhalt dort verdient er sich selber in harter Arbeit (1 Thess 2,9). Er weiß um die Bedrängnisse, denen die Gemeinde ausgesetzt ist (1 Thess 1,6; 3,1-5). So schickt er noch von Athen aus seinen Reisegefährten Timotheus nach Thessalonich (1 Thess 3,1f).
Der Brief läßt durchweg ein gutes Verhältnis zwischen Paulus und der Gemeinde erkennen, die als »Vorbild« der anderen Gemeinden in Mazedonien und Griechenland gelobt wird. Auffällig ist darum die an eine Selbstverteidigung erinnernde Darstellung, die Paulus von seinem Wirken in der Gemeinde gibt (1 Thess 2,1-12). Auch der Grund für die scharfen antijüdischen Ausfälle (1 Thess 2,14-16) ist nicht

ganz deutlich, zumal die Verfolgungen in Thessalonich offenkundig nicht von Juden, sondern von Heiden ausgehen (1 Thess 2,14).

Ein konkreter Anlaß des Briefes ist die Besorgnis der Thessalonicher über das Geschick der in der Zwischenzeit verstorbenen Glieder der Gemeinde, die nun die Parusie Jesu nicht mehr erleben können. Paulus tröstet mit einem »Wort des Herrn«: Bei der Wiederkunft Christi werden die Toten, die »in Christus« gestorben sind, auferstehen (1 Thess 4,13-18).

3. Missionsreise

Nach Antiochien zurückgekehrt, hält es Paulus auch diesmal nicht lange dort. Die dritte Missionsreise, von der die Apostelgeschichte berichtet, führt ihn zunächst auf dem Landweg – Galatien und Phrygien werden genannt – nach Ephesus. Dort mag er sich knapp drei Jahre aufgehalten haben; drei Monate, so weiß Lukas, predigt er in der Synagoge, danach zwei Jahre lang im Hörsaal des Tyrannus (Apg 19,8-10).

Ephesus

Während seines Aufenthaltes in Ephesus kommt es zu einem Aufruhr der dortigen Gold- und Silberschmiede. Sie sehen durch die christliche Predigt eine ihrer wichtigsten Einnahmequellen in Gefahr, nämlich kleine silberne Nachbildungen des Tempels der Diana. So gehen sie auf die Straße und rufen: »Groß ist die Diana der Epheser!« (Apg 19,23-40).

Reisepläne

Lukas berichtet auch über die Absicht des Paulus, nach Mazedonien und Griechenland zu reisen, von dort nach Jerusalem, um dann eine Reise nach Rom anzutreten. Wahrscheinlich hat Paulus einige der von ihm überlieferten Briefe während seines Aufenthaltes in Ephesus geschrieben: so den kleinen Philemonbrief und große Teile der Korintherbriefe (mit Ausnahme vielleicht eines Brieffragments im 2. Korintherbrief). Der Galaterbrief und der Philipperbrief sind vermutlich erst auf der Reise nach Korinth entstanden. Das setzt freilich voraus, daß Paulus in Ephesus zeitweilig inhaftiert war, wovon Lukas nichts berichtet. Auch muß man einen ›Zwischenbesuch‹ in Korinth annehmen, um die Angaben, die sich in den Paulusbriefen selbst finden, mit denen der Apostelgeschichte in Einklang zu bringen.

Korrespondenz

Sammlung für Jerusalem

Von Ephesus aus bricht Paulus zu seiner zweiten Reise nach Mazedonien und Griechenland auf und besucht dort die von ihm gegründeten Gemeinden. Drei Monate, so heißt es, bleibt er in Achaia (Apg 20,3). Von dem vermutlichen Zweck dieser Reise – der Sammlung für die Gemeinde in Jerusalem, zu der er sich beim Apostelkonzil verpflichtet hat – erfahren wir aus der Apostelgeschichte nichts; wir müssen hierzu wieder auf Hinweise in den Briefen zurückgreifen.

Römerbrief

Von Korinth aus schreibt Paulus seinen großen Brief an die Gemeinde in Rom: Längst schon, so teilt er mit, habe er nach Rom kommen wollen, jetzt aber sei seine Aufgabe in den Ländern des Ostens (Röm 15,19.23) erfüllt. Endlich könne er seinen Plan verwirklichen, nach Spanien zu reisen und dabei auch Rom zu besuchen (Röm 15,24). Zuvor müsse er jedoch noch Jerusalem aufsuchen, um den »Heiligen« dort den Ertrag der Sammlung aus den Gemeinden Mazedoniens und Griechenlands zu überbringen (Röm 15,25-28).

Jerusalemreise

Dem Römerbrief kann man entnehmen, daß Paulus der Reise nach Jerusalem mit Besorgnis entgegensieht. Er weiß nicht, wie ihn die Gemeinde um Jakobus, den Bruder Jesu, aufnehmen wird, und er fürchtet wohl auch Verfolgung durch die Juden dort (Röm 15,31). Schon beim Aufbruch gibt es Schwierigkeiten, die Lukas auf Nachstellungen der Juden zurückführt (Apg 20,3). Mit der Delegation aus den Gemeinden Kleinasiens, Mazedoniens und Griechenlands, die ihn begleitet, sticht er von Philippi aus in See. Stationen der Reise, die die Apostelgeschichte aufzählt, sind Troas, Assos, Mitylene, Chios, Samos und Milet.

In Milet läßt er die Ältesten von Ephesus zu sich kommen, um sich von ihnen zu verabschieden. Die Rede, von Lukas komponiert, enthält deutliche Ausblicke auf seine bevorstehende Gefangenschaft und seinen Tod (Apg 20,22-25.37f). Weiter geht es über Tyrus, Ptolemais und Cäsarea nach Jerusalem. Bei einem Tempelbesuch dort wird er von Juden aus der Provinz Asia, dem westlichen Kleinasien, erkannt und – nachdem er knapp ihrer Lynchjustiz entgeht – von den Römern festgenommen.

Gefangenschaft

Historisch sicher scheint, daß von nun an Paulus sich in römischer Untersuchungshaft befindet. Von Jerusalem wird er nach Cäsarea überführt, wo der römische Statthalter Felix residiert. Der verschleppt den Prozeß über zwei Jahre (Apg 24,22.27) und überläßt Paulus seinem Nachfolger Festus. Als der die Angelegenheit in Jerusalem zur Verhandlung bringen will, appelliert Paulus an das kaiserliche Gericht in Rom. Zusammen mit einem Gefangenentransport wird er daraufhin zu Schiff nach Rom geschickt.

Reise nach Rom

Die Seereise, wie Lukas sie schildert, verläuft höchst abenteuerlich. Sie führt zunächst entlang der kleinasiatischen Küste bis Myra in Lyzien. Dort wird der Transport von einem Schiff übernommen, das nach Italien unterwegs ist. Vor Malta kommt es zu einem Schiffbruch, bei dem Paulus und die anderen nur mit knapper Not dem Tode entgehen. Die Reise kann erst nach drei Monaten mit einem anderen Schiff fortgesetzt werden.
In Puteoli am Golf von Neapel geht Paulus an Land. Kurz vor Rom, auf der Via Appia, kommen ihm römische Christen entgegen, um ihn einzuholen. Er darf sich ein privates Quartier nehmen, in dem er, bewacht von einem Soldaten, ungehindert die angesehensten Juden Roms versammeln kann. Zwei volle Jahre, so weiß Lukas, bleibt er dort, und »predigte das Reich Gottes und lehrte von dem Herrn Jesus Christus mit allem Freimut ungehindert« (Apg 28,31).

Paulus in Spanien?

Mit diesen Worten schließt die Apostelgeschichte. Vom Fortgang des Prozesses, von einem Urteil, gar vom Tode des Paulus erfahren wir nichts. Manche haben daraus den Schluß gezogen, daß der Prozeß mit einem Freispruch geendet habe. Paulus wäre dann zu seiner geplanten Spanienreise aufgebrochen und »bis zur Grenze des Westens gelangt«, wie der – gegen Ende des 1. Jahrhunderts in Rom verfaßte – 1. Klemensbrief wissen will. Erst bei einer zweiten Haft in Rom sei er dann ums Leben gekommen.

Chronologie

Unter den bereits genannten Vorbehalten lassen sich die in den Paulusbriefen und in der Apostelgeschichte geschilderten Ereignisse in folgenden chronologischen Zusammenhang bringen: Für die sogenannte 3. Missionsreise, die Paulus nach Kleinasien, Mazedonien und Griechenland führt, kommen die Jahre zwischen 51/52 und 55/56 in Frage, wobei er den Großteil dieser Zeit in Ephesus verbringt. Etwa 55/56 wird er in Jerusalem verhaftet worden sein. Von ca. 56 bis 58 dürfte er sich in Cäsarea in Untersuchungshaft befunden haben. Die Überführung nach Rom hätte dann um das Jahr 58 nach Christus stattgefunden. Manche nennen spätere Daten: Gefangenschaft in Jerusalem und Cäsarea 57-60, 60/61 Überführung nach Rom, 62 Ende des lukanischen Berichts.

Mit eigenhändigem Gruß

Paulus als Briefschreiber

»Hier mein, des Paulus, eigenhändiger Gruß« (1 Kor 16,21): Paulus, so lernen wir hier, bringt seine Briefe nicht selber zu Papier, sondern diktiert sie einem Schreiber. Der gibt sich gelegentlich auch zu erkennen: »Ich, Tertius, der ich diesen Brief geschrieben habe, grüße euch in dem Herrn« (Röm 16,22). Der Niederschrift fügt Paulus, wie wir sehen, manchmal ein paar eigenhändige Zeilen hinzu: »Seht, mit wie großen Buchstaben ich euch schreibe mit eigener Hand!« (Gal 6,11). Er hält sich in all dem an das Briefschema, wie es in der Antike üblich war:

Briefformular: Präskript

Der Brief beginnt mit dem *Präskript*. Es enthält Angaben zum Absender und zum Empfänger und eine Grußformel: »Paulus und Silvanus und Timotheus an die Gemeinde in Thessalonich in Gott, dem Vater, und dem Herrn Jesus Christus: Gnade sei mit euch und Friede!« (1 Thess 2,1). Sowohl Absender- wie Empfängerangabe können durch Zusätze erweitert werden; das ist dann zumeist ein Hinweis auf die Problematik, um die es im Brief selber geht. »Paulus, ein Apostel nicht von Menschen, auch nicht durch einen Menschen, sondern durch Jesus Christus und Gott, den Vater, der ihn auferweckt hat von den Toten« (Gal 1,1): Diese Absenderangabe nimmt wichtige Argumente, um die es nachher im Brief geht, vorweg. »...an die Gemeinde Gottes in Korinth, an die Geheiligten in Christus Jesus, die berufenen Heiligen samt allen, die den Namen unsres Herrn Jesus Christus anrufen an jedem Ort, bei ihnen und bei uns« (1 Kor 1,2): Geradezu beschwörend werden hier die Empfänger des Briefes auf ihre christliche Berufung hin angesprochen und in die ökumenische Gemeinschaft derer, »die den Namen unsres Herrn Jesus Christus anrufen«, eingebunden.

Proömium

Auf das *Präskript* folgt das *Proömium*: »Zuerst danke ich meinem Gott durch Jesus Christus für euch alle, daß man von eurem Glauben in aller Welt spricht...« (Röm 1,8). Auch in anderen antiken Briefen begegnet der Brauch, zu Beginn in Dank und Bitte die Götter anzurufen. Paulus übernimmt in den Proömien seiner Briefe Elemente der jüdischen Gebetssprache. Dank, Lobpreis und Bitte, die hier zum Ausdruck kommen, stehen terminologisch in einer gewissen Nähe zur

Sprache der Abendmahlsgebete. Nicht immer läßt sich das Proömium deutlich vom folgenden Brieftext abgrenzen. Manchmal ist es auf einen knappen Lobpreis Gottes und seines Christus im Zusammenhang des Eingangsgrußes reduziert (Gal 1,3-5). Auch das läßt auf den Inhalt des Briefes schließen.

Grüße Abgeschlossen wird der Brief mit *Grüßen* – zuweilen handelt es sich um recht umfangreiche *Grußlisten* – und einem *Segenswunsch*: »Der Gott des Friedens aber sei mit euch allen! Amen" (Röm 15,33). Wie wir gesehen haben, ist dies gelegentlich mit einem eigenhändigen Gruß verbunden.

›Heiliger Kuß‹ Auffällig ist in diesem Zusammenhang die Aufforderung: »Grüßt euch untereinander mit dem heiligen Kuß« (1 Kor 16,20; vgl. auch 2 Kor 13,12; 1 Thess 5,27; Röm 16,16). Man will daraus ableiten, daß die Paulusbriefe in der Regel in der Gemeindeversammlung verlesen wurden, die mit der Mahlfeier schloß. Der ›Bruderkuß‹, zu dem Paulus hier auffordert, markiere – wie später vielfach belegt – den Beginn der eucharistischen Feier, der Mahlhandlung.

Römerbrief Mit Recht gilt der Brief an die Römer, den Paulus kurz vor seiner letzten Jerusalemreise schreibt, als wichtigster Paulusbrief. Er hat einen konkreten Anlaß: Paulus möchte die Gemeinde in Rom besuchen. So stellt er sich ihr mit seiner Lehre vor. Das zentrale Thema des Briefes formuliert er gleich im Anschluß an das Proömium (Röm 1,16f, im folgenden nach der Einheitsübersetzung):

Zentrales Thema Denn ich schäme mich des Evangeliums nicht:
es ist eine Macht Gottes
und wird jeden retten, der glaubt,
zuerst den Juden, aber auch den Griechen.
Denn im Evangelium wird die Gerechtigkeit Gottes offenbart
aus Glauben zum Glauben,
wie in der Schrift steht:
Wer gerecht ist aus Glauben, wird leben.
(Luther: »Der Gerechte wird aus Glauben leben«)

Gliederung Der Brief läßt sich in drei große Teile gliedern: Die Kapitel 1 bis 8 haben die Rechtfertigung aus Glauben zum Thema. Die Kapitel 9 bis 11 behandeln die Rolle Israels. Die Kapitel 12 bis 15 enthalten die ethischen Konsequenzen, die Paränese (griechisch *parainesis* = Ermahnung). Die Auffassung, bei Röm 16,1-23 handele es sich um einen ursprünglich selbständigen Empfehlungsbrief nach Ephesus, wird heute kaum mehr vertreten.

›Gerechtigkeit Gottes‹

Für das Verständnis des Briefes wie der Lehre des Paulus überhaupt ist es von entscheidender Bedeutung, wie der zentrale Begriff der »Gerechtigkeit Gottes« (griechisch *dikaiosyne tou theou*; Lutherbibel: »Gerechtigkeit, die vor Gott gilt«) samt der dazugehörigen Wortgruppe – »gerecht«, »Gerechter«, »rechtfertigen«, »gerechtwerden«, »Rechtfertigung« usw. – interpretiert wird.

Der Begriff der »Gerechtigkeit Gottes« (Röm 3,5.21f.25) wird von Paulus nämlich in einer spezifischen, vom allgemeinen Verständnis abweichenden Weise verwendet: Sie erweist sich nicht zuerst darin, daß Gott Menschen »gerecht richtet« (Ps 9,9; 72,2; 96,13), sondern daß er sie gerecht spricht, gerecht macht, und zwar bedingungslos, aus freier Gnade. »Gerechtigkeit Gottes« bezeichnet so das Heil, das im Evangelium von Jesus Christus allen Menschen angeboten wird.

Die angemessene Antwort auf dieses Angebot geschenkter, zugeschriebener ›Gerechtigkeit‹ ist der Glaube. Die Antwort wird verfehlt, wo der Mensch sich stattdessen an die »Werke des Gesetzes« (Röm 3,20.27f; 4,2; 9,12.32) klammert und auf sie seine Heilshoffnung gründet: »So halten wir nun dafür, daß der Mensch gerecht wird ohne des Gesetzes Werke, allein durch den Glauben« (Röm 3,28).

Zorn Gottes

Paulus weiß freilich auch vom Gericht Gottes, ja, vom Zorn Gottes zu reden (Röm 1,18; 2,5; 4,15; 5,9). Dem Zorn Gottes verfallen die Menschen, wenn sie das Geschaffene mit dem Schöpfer verwechseln (Röm 1,21-23), wenn sie statt des Schöpfergottes von ihm erschaffene Dinge als göttliche Mächte verehren. Was landläufig ›Sünde‹ heißt – »Ungerechtigkeit, Schlechtigkeit, Habgier, Bosheit, ... Neid, Mord, Hader, List, Niedertracht...« (Röm 1,29) – ist die *Folge* solch grundlegender Verwechslung, ist schon die *Strafe*, der die Menschen preisgegeben sind.

Sünde

Christus-Ende des Gesetzes

Für Paulus gibt es in solcher Hinsicht keinen Unterschied zwischen Heiden und Juden: Alle sind sie »unter der Sünde« (Röm 3,9.23). Nach ihren Werken beurteilt, sind sie alle gleichermaßen dem Gericht Gottes verfallen (Röm 2,1ff). Weil somit kein Mensch durch die »Werke des Gesetzes« Gerechtigkeit vor Gott erwerben kann, scheidet das Gesetz als Heilsweg aus. Es vermittelt lediglich »Erkenntnis der Sünde« (Röm 3,20). Einziger, exklusiver Weg zum Heil ist der Glaube an »die Erlösung, die durch Christus Jesus geschehen ist« (Röm 3,24). Für den, der an Jesus Christus glaubt, ist darum Christus »des Gesetzes Ende« (Röm 10,4).

Rolle Israels

Der Gedanke, daß Gerechtigkeit vor Gott allein aus dem Glauben, nicht jedoch aus dem Gesetz kommt, bestimmt auch die Kapitel 9 bis 11, in denen es um die Rolle Israels geht. Hier wird deutlich, daß Paulus ein differenziertes Verhältnis zu dem Volk seiner Herkunft hat: Die göttliche Erwählung Israels ist keineswegs aufgehoben (Röm 11,28f). Am Ende »wird ganz Israel gerettet werden« (Röm 11,26). Ungehorsam und Verstockung Israels werden umschlossen von der wahrhaft grenzenlosen Liebe Gottes, die auch die Nichtjuden, die Heiden, retten will: »Denn Gott hat alle eingeschlossen in den Ungehorsam, damit er sich aller erbarme« (Röm 11,32).

Gottesdienst im Alltag der Welt

»Ich ermahne euch nun, liebe Brüder, durch die Barmherzigkeit Gottes, daß ihr eure Leiber hingebt als ein Opfer, das lebendig, heilig, und Gott wohlgefällig ist. Das sei euer vernünftiger Gottesdienst«: Mit Röm 12,1 beginnt der paränetische Teil des Briefes. Was Paulus in den Kapiteln 6 bis 8 über das Leben der Christen in grundsätzlicher Weise ausgeführt hat, nimmt hier konkrete Gestalt an. Christliche Existenz, so hat man dazu gesagt, ist ›Gottesdienst im Alltag der Welt‹. Das entscheidende Kriterium der persönlichen Lebensführung wie des Zusammenlebens in Gemeinde und Gesellschaft ist die Liebe (Röm 12,9-21); sie gilt Paulus als »Erfüllung des Gesetzes« (Röm 13,10). Das bildet auch den Hintergrund für die Aufforderung, der Staatsgewalt Gehorsam zu leisten (Röm 13,1-7) und sich in der Gemeinde – trotz unterschiedlicher Auffassungen und Lebensgewohnheiten – gegenseitig anzunehmen (Röm 14,1 bis 15,13; Konflikt zwischen den ›Starken‹ in der Gemeinde, die sich in christlicher Freiheit über bestimmte Regeln hinwegsetzen, und den ›Schwachen‹).

Liebe als Erfüllung des Gesetzes

Galaterbrief

Um die für Paulus zentrale Problematik der Rechtfertigung geht es auch im Brief an die Christen in Galatien, den er vermutlich während seines mehrjährigen Aufenthaltes in Ephesus schreibt. Der Anlaß läßt sich deutlich erkennen: In die Gemeinden dort sind Leute von außerhalb eingedrungen, die die Botschaft des Paulus von der Gerechtigkeit, die aus dem Glauben kommt, bestreiten. Sie wollen das Gesetz des Mose – insbesondere das Gebot der Beschneidung – auch den Heidenchristen dort auferlegen und stellen die apostolische Autorität des Paulus infrage.

Zur Freiheit befreit

Paulus wehrt sich zunächst gegen diese Angriffe auf sein Apostelamt und wendet sich dann mit leidenschaftlichen Appellen an die Galater, sich nicht wieder unter die Sklaverei des Gesetzes zu begeben, also zum Gesetz als – vergeblichem – Heilsweg zurückzukehren: »Zur Freiheit hat uns Christus befreit! So steht nun fest und laßt euch nicht wieder das Joch der Knechtschaft auflegen!« (Gal 5,1).

Korintherbriefe

Zu Auseinandersetzungen um die apostolische Autorität des Paulus ist es augenscheinlich auch in Korinth gekommen. Zumal der 2. Korintherbrief gibt ein beredtes Zeugnis davon, wie konfliktreich sich das Verhältnis des Apostels zu einer von ihm gegründeten Gemeinde gestalten konnte.

Mehr als in anderen Briefen stehen in den beiden Korintherbriefen konkrete Fragen des Gemeindelebens im Mittelpunkt. Unter den Auslegern ist umstritten, ob beide Briefe literarisch überhaupt jeweils eine Einheit bilden. Daß zumindest der 2. Brief an die Korinther aus mehreren Brieffragmenten besteht, ist sehr wahrscheinlich.

›Theologie des Kreuzes‹

Bei den Gegnern, mit denen sich Paulus auseinandersetzen muß, scheint es sich um Leute zu handeln, die eine enthusiastische, stark von sich eingenommene, ekstatische Frömmigkeit pflegen. Ihrem Bewußtsein, schon jetzt an der Herrschaft und Herrlichkeit Gottes teilzuhaben, setzt Paulus eine ›Theologie des Kreuzes‹ entgegen: »Wir aber predigen den gekreuzigten Christus, den Juden ein Ärgernis und den Heiden eine Torheit« (1 Kor 1,23).

Philipperbrief

Den Brief an die Gemeinde in Philippi schreibt Paulus vermutlich während einer für ihn bedrohlichen Haft in Ephesus. Auch in diesem Schreiben geht es um die Auseinandersetzung mit Gegnern, die das Gesetz als Heilsweg propagieren. Möglicherweise verbinden sie dies mit einer enthusiastischen Frömmigkeit, die sich selbst – ähnlich wie in Korinth – für ›vollkommen‹ hält. Paulus warnt die Gemeinde mit drastischen Worten: »Nehmt euch in acht vor den Hunden, nehmt euch in acht vor den böswilligen Arbeitern, nehmt euch in acht vor der Zerschneidung!« (Phil 3,2) Beeindrukkend ist sein Aufruf zur Freude im Schlußteil des Briefes: »Freuet euch in dem Herrn allewege, und abermals sage ich: Freuet euch!« (Phil 4,4).

Kolosserbrief Die Mehrzahl der Ausleger hält die beiden großen Schreiben an die Kolosser – Kolossä ist eine Gemeinde in Kleinasien – und an die Epheser nicht für originale Schriften des Paulus, sondern für Werke von Paulusschülern, die zwar in der Tradition des Apostels stehen, diese aber zugleich fortschreiben und variieren. Der theologische Rang der ›deuteropaulinischen Briefe‹, wie sie in der Forschung genannt werden, wird dadurch nicht infrage gestellt.

Epheserbrief Eine formale und inhaltliche Nähe zum Kolosserbrief weist der Epheserbrief auf. Vieles spricht dafür, daß der Brief an die Kolosser dem Verfasser des Epheserbriefes als Vorlage gedient hat. Sein Thema ist die Einheit der Kirche (Eph 2,10; 4,1-6). Sie wird in geradezu kosmischen Dimensionen – als bis in den Himmel ragender Christusleib (Eph 1,23) – vorgestellt. Die an der Zukunft orientierte, auf die Wiederkunft Christi gerichtete Hoffnung tritt zurück. Statt zeitlicher Vorstellungen dominieren solche räumlicher Art. Zielpunkt christlicher Existenz ist der »Himmel« (Eph 2,6).

Timotheusbriefe Titusbrief Auch bei den beiden Briefen an Timotheus und dem Titusbrief, die dem Paulus zugeschrieben werden, scheint es sich nicht um originale Schreiben des Apostels zu handeln. Man faßt sie unter der Bezeichnung ›Pastoralbriefe‹ zusammen (lateinisch *pastor* = Hirte), weil sie vornehmlich Fragen der Gemeindeleitung und der Kirchenordnung behandeln und sich an Empfänger richten, die als Leiter von Gemeinden vorgestellt sind. Sie spiegeln insgesamt ein späteres Stadium der kirchlichen Entwicklung wider. Man nimmt an, daß sie nicht vor dem Ende des 1. Jahrhunderts, vielleicht auch erst zu Beginn des 2. Jahrhunderts entstanden sind.

Hebräerbrief Der Brief an die Hebräer ist ein Mahnschreiben (Hebr 13,22), das sich an die Christen der zweiten und dritten Generation richtet, die »harthörig« (Hebr 5,11), müde und lässig geworden sind (Hebr 12,12ff) und der Stärkung bedürfen. Der Brief, der in großem Umfang Vorstellungen und Auslegungsverfahren des hellenistischen Judentums aufnimmt, wurde in der alten Kirche von vielen ebenfalls dem Paulus zugeschrieben. Christus erscheint hier als der wahre Hohepriester, als Bürge und Mitttler des neuen Bundes, zu dem sich der alte Bund verhält wie das Bild zur Wirklichkeit.

Jakobusbrief
Petrusbriefe
Judasbrief
Johannesbriefe

Den Jakobusbrief, die beiden Petrusbriefe, den Judasbrief und die drei Johannesbriefe faßt man unter der Bezeichnung ›katholische Briefe‹ zusammen, weil sie sich nicht an eine bestimmte Gemeinde, sondern an die ganze Kirche richten (griechisch *katholikos* = das Ganze betreffend, allgemein).

Der Jakobusbrief setzt sich kritisch mit der Rechtfertigungslehre des Paulus auseinander: Glaube ohne Werke ist nutzlos (Jak 2,20).

Der 1. Petrusbrief – vermutlich um 80/90 nach Christus in Kleinasien verfaßt – dürfte mit Sicherheit nicht aus der Feder des Petrus stammen. Ermahnung und Stärkung der Christen der zweiten und dritten Generation bestimmen auch den Inhalt dieses Briefes.

Der Judasbrief – als Verfasser wird Judas, der Bruder des Jakobus, angegeben; beide werden Mk 6,3 als Brüder Jesu genannt – hat dem Verfasser des 2. Petrusbriefes offenbar vorgelegen. In beiden Schreiben geht es um die Auseinandersetzung mit Irrlehrern, im 2. Petrusbrief zudem um das Problem des Ausbleibens der Wiederkunft Jesu. Die stereotypen Vorwürfe lassen kaum eine genaue Bestimmung der Gegner zu.

Die drei Johannesbriefe sind Teil des johanneischen Schrifttums, zu dem auch das Johannesevangelium gehört.

Am Anfang das Wort

Johannes-evangelium

Nicht die Geburt Jesu, nicht seine Taufe stehen am Beginn des Johannesevangeliums; es beginnt vielmehr mit einem Hymnus,der Jesus als den *Logos* Gottes (griechisch *logos* = Wort) preist, der von Anfang an bei Gott war.

Prolog

Im Anfang war das Wort,
und das Wort war bei Gott,
und Gott war das Wort.
Dasselbe war im Anfang bei Gott.
Alle Dinge sind durch dasselbe gemacht,

und ohne dasselbe ist nichts gemacht,
was gemacht ist.
In ihm war das Leben,
und das Leben war das Licht der Menschen.
Und das Licht scheint in der Finsternis,
und die Finsternis hat's nicht ergriffen ...
(Joh 1,1-5)

Der Logos Gottes

Das Lied, das der Verfasser zitiert, besitzt programmatischen Charakter für sein Evangelium. Es erinnert an den ersten Satz der Bibel, an den Beginn des Buches Genesis – »Im Anfang schuf Gott Himmel und Erde« – und bindet so Schöpfung und Erlösung zusammen: Der Schöpfungsmittler ist auch der Mittler der Erlösung.

Jüdische Vorstellungen

Gnostische Mythen

Qumran

Das erinnert an jüdische Vorstellungen, die der personifizierten ›Weisheit‹ eine Rolle bei der göttlichen Weltschöpfung und Weltregierung zuschreiben (Spr 3,19; 8,15f.22-32). In einer ähnlichen Rolle sieht man im Judentum auch das Gesetz, die Tora. Es erinnert weiter an die hellenistisch-jüdische Philosophie des Philo von Alexandrien (ca. 15 vor Christus bis 45 nach Christus) und seine Vorstellung vom *Logos* als Schöpfungsmittler. Es erinnert aber auch an den gnostischen Mythos vom fremden, der Lichtwelt zugehörigen Erlöser, der die in der Materie gefangenen Lichtfunken weckt. Es erinnert schließlich – mit dem Gegensatz von Licht und Finsternis, Licht und Welt, der dieses Lied durchzieht, wie mit der Korrespondenz von Licht und Leben (Joh 1,4) – an die Vorstellungen der Gemeinschaft von Qumran.

Zu all dem stimmt aber nicht der Schluß des Liedes, der davon singt, daß das Wort, der *Logos*, Fleisch geworden ist:

Und das Wort ward Fleisch und wohnte unter uns,
und wir sahen seine Herrlichkeit,
eine Herrlichkeit als des eingeborenen Sohnes vom Vater,
voller Gnade und Wahrheit.
(Joh 1,14)

Vergleich mit Synoptikern

Ein seltsames Evangelium: Aller Wahrscheinlichkeit nach ist es nach den synoptischen Evangelien entstanden, ohne diese zu benutzen. Im groben Aufriß stimmt es mit ihnen überein: Auch Johannes schildert zunächst das Wirken Jesu, dann sein Leiden, Sterben und Auferstehen in Jerusalem. Doch in den Einzelheiten weicht er erheblich von den Synoptikern ab: Nicht *einmal*, nämlich am Schluß seiner Wirksamkeit, sondern insgesamt *viermal* hält sich Jesus in Jerusalem auf.

Man möchte meinen, Johannes schildert einen ganz anderen Jesus. Keinen, der in Gleichnissen redet: Die beiden Bildreden, in denen Jesus von sich selbst als Hirte (Joh 10,1-16) und Weinstock (Joh 15,1-8) spricht, haben einen ganz anderen Charakter als die synoptischen Gleichnisse. Sondern einen Jesus, der lange, verwickelte Reden hält, von denen in den anderen Evangelien nichts überliefert ist.

Auch der Bestand an gemeinsamem Erzählgut mit den Synoptikern ist schmal. Von den für den synoptischen Jesus typischen Sprüchen, den *Logien*, findet sich nur weniges im vierten Evangelium. Wo Johannes von Wundern erzählt, die Jesus vollbringt, werden diese in der Regel sehr viel massiver, mirakulöser ausgemalt als bei den Synoptikern. Zugleich jedoch werden sie in ihrer Bedeutung relativiert: »Wenn ihr nicht Zeichen und Wunder seht, so glaubt ihr nicht« (Joh 4,48).

Von der Stiftung des Abendmahls durch Jesus berichtet Johannes nichts. Stattdessen erzählt er von einer anderen Handlung: Als sie zum Abschiedsmahl zusammensitzen, verrichtet Jesus an seinen Jüngern den Sklavendienst der Fußwaschung. Auch die Chronologie des Todes Jesu weicht von der der Synoptiker ab: Jesus stirbt nach Johannes bereits am Rüsttag zum Passafest, zur Stunde, da man im Tempel die Passalämmer schlachtet.

Wichtiger jedoch sind die theologischen Eigenheiten des Evangeliums:

Dualismus

Da ist der unversöhnliche Dualismus, der dem Werk zugrunde liegt und der sich schon im Prolog (Joh 1,1-18) zeigt. Er äußert sich in den Gegensätzen von ›oben‹ und ›unten‹, ›Himmel‹ und ›Erde‹ (vgl. Joh 3,31-36), von ›Licht‹ und ›Finsternis‹, ›Wahrheit‹ und ›Lüge‹ ebenso wie in der Verknüpfung der positiven Begriffe ›Licht‹, ›Leben‹, ›Wahrheit‹ usw. auf der negativen Folie von Finsternis, Lüge, Sünde, Zorn und Tod. Der Dualismus äußert sich auch in der Ignoranz der ›Welt‹ (griechisch *kosmos*), in ihrem Haß auf Jesus und die Seinen (Joh 15,18), wobei insbesondere ›die Juden‹ als Repräsentanten ›dieser Welt‹ erscheinen (Joh 5,16.18.37-47; 7,1; 8,22-24.37-59; 10,31-39).

Abstieg und Aufstieg des Gesandten

Da ist weiter die Vorstellung vom Abstieg und Aufstieg des ›Gesandten‹, der ›von oben‹ in diese Welt kommt, im Auftrag des Vaters, und der zum Vater zurückkehrt, nachdem er seinen Auftrag erfüllt hat: »Ich gehe hin, euch die Stätte zu bereiten« (Joh 14,2f). Der ›Gesandte‹ Gottes, »in die Welt gekommen als ein Licht, damit, wer an mich glaubt, nicht in der Finsternis bleibe« (Joh 12,46). Der ›Gesandte‹, der unmißverständlich erklärt: »Ihr seid von unten her, ich bin von oben her; ihr seid von dieser Welt, ich bin nicht von dieser Welt« (Joh 8,23), und: »Wo ich hingehe,da könnt ihr nicht hinkommen" (Joh 8,21).

Ich-bin-Worte

Da sind auch die Selbstoffenbarungen und Selbstbezeugungen dieses ›Gesandten‹ – so die berühmten Worte, die mit der Formel »Ich bin« (griechisch *ego eimi*) beginnen: Ich bin das Brot des Lebens (Joh 6,35), das Licht der Welt (Joh 8,12), die Tür (Joh 10,9), der gute Hirte (Joh 10,14), die Auferstehung und das Leben (Joh 11,25), der Weg, die Wahrheit und das Leben (Joh 14,6), der wahre Weinstock (Joh 15,1).

Johannes und die Gnosis

Aus all dem hat man folgern wollen, daß Johannes die Sprache der *Gnosis* spricht – genauer: einer jüdischen, im syrisch-palästinensischen Raum beheimateten Richtung dieser diffusen, vielschichtigen geistig-religiösen Strömung, die durch ein strikt dualistisches, negatives Welt- und Daseinsverständnis gekennzeichnet ist. Der Mensch, so wird in der *Gnosis* gelehrt, ist ein Fremder in einer ihm feindlichen Welt. Fremd ist er auch in seinem Leib. Erlösung bedeutet die Befreiung aus solcher Gefangenschaft, solcher Entfremdung: Der Lichtfunke, den der Mensch in sich trägt, strebt – geweckt vom Ruf des Erlösers – zur jenseitigen Lichtwelt empor, die seine wahre Heimat ist.

Deutlich ist freilich, daß Johannes sich von wichtigen gnostischen Positionen unterscheidet: Daß der Erlöser Fleisch wird (Joh 1,14), daß Gott – der wahre Gott – die Welt liebt (Joh 3,16), daß er die Seinen nicht »aus der Welt« genommen wissen will (Joh 17,15), daß er nicht nur zum Schein, sondern wirklich gelitten hat (Joh 20,20), paßt nicht in das gnostische Konzept, ebensowenig wie die Vorstellung von Gott als dem Schöpfer *dieser* Welt (Joh 1,3).

So nimmt man heute an, daß Johannes sehr viel stärker durch das zeitgenössische Judentum – durch Philo, durch die sogenannte späte ›Weisheit‹, durch Qumran, durch die rabbinische Tradition – beeinflußt ist, als das frühere Ausleger meinten, die seine Nähe zur *Gnosis* betonten. Auch die Hypothese, die Johannes im syrischen Raum beheimatet wissen will, wird heute bezweifelt; man siedelt ihn wieder – wie schon die altkirchliche Tradition – in Kleinasien an.

Präsentische Eschatologie

Kennzeichnend für Johannes ist auch das, was man seine ›präsentische Eschatologie‹ (griechisch *eschaton*, Plural *eschata* = das Letzte, die letzten Dinge) genannt hat: Die für die Endzeit erwarteten ›letzten Dinge‹ vollziehen sich schon jetzt, in der Gegenwart. Wer an Jesus Christus glaubt, sich für ihn entscheidet, für den hat sich Gott schon entschieden. Er ist schon durch das Gericht Gottes hindurch, er hat das ewige Leben: »Wer mein Wort hört und glaubt dem, der mich gesandt hat, der hat das ewige Leben und kommt nicht in das Gericht, sondern er ist vom Tode zum Leben hindurchgedrungen« (Joh 5,24).

Erhöhung am Kreuz

Dem korrespondiert in gewisser Weise das Verständnis des Todes Jesu am Kreuz: Das Kreuz ist bei Johannes nicht nur Ausdruck der Erniedrigung Jesu, seines Leidens und Sterbens. Es ist zugleich Zeichen und Vollzug seiner Erhöhung, seines Sieges über die feindlichen Mächte der Welt, über Sünde und Tod. Am Kreuz kehrt Jesus heim zum Vater, tritt er seine Herrschaft zur Rechten Gottes an. Was etwa im lukanischen Doppelwerk breit entfaltet wird – Tod, Auferstehung, Himmelfahrt, Geistsendung – drängt sich bei Johannes in dem einen Ereignis der ›Erhöhung‹ Jesu am Kreuz zusammen.

Schluß des Evangeliums

Es läßt sich erkennen, daß das Johannesevangelium ursprünglich mit 20,30f abbricht. Das folgende Kapitel haben die Herausgeber des Werkes hinzugefügt, die sich in Joh 21,24f zu Wort melden. Auf ihre Rechnung geht vermutlich auch die ›kirchliche Redaktion‹, deren Spuren manche Ausleger im Evangelium entdeken wollen. Die Herausgeber unternehmen offenbar den Versuch einer Reinterpretation des Evangeliums, in der es auch darum geht, einige eher unkonventionellen Anschauungen des Verfassers zu korrigieren bzw. zu ergänzen. Auf ihre Redaktion könnten unter anderem jene Passagen zurückgehen, die die ›präsentische Eschatologie‹ des Verfassers im Sinne der kirchlichen Lehre auslegen (Joh 5,28f;

6,39f) oder die die kirchliche Abendmahlslehre in die johanneische ›Brotrede‹ eintragen (Joh 6,51c-58).

Johannesbriefe

Die drei Briefe des Neuen Testaments, die dem Johannes zugeschrieben werden, stehen in einem engen sprachlichen und sachlichen Zusammenhang mit dem Johannesevangelium. Jedoch sind die Unterschiede wiederum so auffällig, was bestimmte sprachliche Eigenheiten, aber auch theologische Besonderheiten betrifft, daß die Ausleger im allgemeinen davon ausgehen, daß die Briefe aus dem Schülerkreis des Verfassers des Johannesevangeliums stammen. Sie sind wahrscheinlich nicht lange nach dem Evangelium, jedenfalls in der ersten Hälfte des zweiten nachchristlichen Jahrhunderts, entstanden.

Auseinandersetzung mit dem Doketismus

Der 1. Johannesbrief ist wohl in Wirklichkeit kein Brief, sondern eine theologische Abhandlung. Bei den Gegnern, mit denen er sich auseinandersetzt, mag es sich um ›Ultrajohannisten‹ handeln, die dem Zeitgeist folgen und die im Evangelium selbst angelegten hoheitlichen Züge des Christus überbetonen, nach der Devise: Ein Gott kann nicht leiden und sterben! Ob damit schon eine entwickelte ›doketistische Christologie‹ (von griechisch *dokein* = meinen, scheinen) intendiert wird, wie sie im Zusammenhang gnostischer Vorstellungen in Erscheinung tritt, ist umstritten. Die Doketisten lehren, der Christus sei nicht wirklich, sondern nur zum Schein am Kreuz gestorben; ja, der Christus sei in Wahrheit gar nicht Mensch geworden, sei keineswegs in das Fleisch eingegangen, sondern habe sich eines menschlichen Leibes nur bedient, um zeitweilig darin zu wohnen. Vor der Kreuzigung habe er diesen Leib wieder verlassen.

Kriterium der Rechtgläubigkeit ist jedenfalls für den Verfasser des 1. Johannesbriefes das Bekenntnis, daß kein anderer als der Mensch Jesus der Christus Gottes ist: »Daran sollt ihr den Geist Gottes erkennen: Ein jeder Geist, der bekennt, daß Jesus Christus in das Fleisch gekommen ist, der ist von Gott; und ein jeder Geist, der Jesus nicht bekennt, der ist nicht von Gott“ (1 Joh 4,2f).

Das zweite und dritte Schreiben sind jeweils sehr kurze Briefe, in denen sich ein »Ältester« als Absender zu erkennen gibt. Auch hier geht es um die Auseinandersetzung mit Irrlehrern, im dritten Brief um die Abweisung von Wanderpredigern durch einen Gemeindeleiter namens Diotrephes.

Das letzte Buch der Bibel ist wohl zugleich die merkwürdigste Schrift des Neuen Testaments, wenn nicht der Bibel insgesamt: die Offenbarung des Johannes, auch *Apokalypse* genannt (griechisch *apokalyptein* = offenbaren, *apokalypsis* = Offenbarung). In Offb 1,1.4 gibt sich ein Johannes als Verfasser zu erkennen. Die kirchliche Tradition sieht in ihm den Jünger Jesu gleichen Namens, der auch das Evangelium verfaßt haben soll. Doch sind Sprache und Gedankenwelt der Offenbarung derart von der des Evangeliums unterschieden, daß eine gemeinsane Verfasserschaft wohl kaum in Frage kommt. Man nimmt an, daß das Buch unter Kaiser Domitian (81-96) von einem Judenchristen in Kleinasien verfaßt wurde.

Offenbarung des Johannes

Das Buch schildert in seinem Hauptteil das apokalyptische Endzeit-Drama, das dem endgültigen Sieg über die widergöttlichen Mächte vorausgeht. Es verwendet dazu eine Fülle mythologischer Bilder, die sich kaum mehr vollständig entschlüsseln lassen. Zeitgeschichtliche Anspielungen lassen erkennen, daß nach Meinung des Verfassers das endzeitliche Ringen unmittelbar bevorsteht, wenn nicht schon begonnen hat. Am Ende des Kampfes stehen eine neue Schöpfung, ein neuer Himmel und eine neue Erde, und das neue Jerusalem, »Hütte Gottes bei den Menschen« (Offb 21,3):

Endzeit-Drama

Und ich sah einen neuen Himmel und eine neue Erde;
denn der erste Himmel und die erste Erde sind vergangen,
und das Meer ist nicht mehr.
Und ich sah die heilige Stadt, das neue Jerusalem,
von Gott aus dem Himmel herabkommen,
bereitet wie eine geschmückte Braut für ihren Mann.
(Offb 21,1f)

Ausblick

Unser Durchgang durch die Sammlung der Schriften, die – als ›Bibel‹ zusammengefaßt – die Grundlage des Christentums bilden, ist beendet. Selbstverständlich konnten wir uns nur erste Eindrücke verschaffen. In viele Bücher jener Bibliothek, in die der freundliche Bibliothekar uns zu Beginn führte, konnten wir nur kurz hineinschauen, vermochten oft nicht mehr als die Titel zur Kenntnis zu nehmen. Viele Fragen bleiben offen. Zum Beispiel: Wie konnte aus den bescheidenen Anfängen, von denen uns die Schriften des Neuen Testaments berichten, die weltweite Kirche wachsen, die für zwei Jahrtausende das geistig-kulturelle Gesicht des Abendlandes prägte? In welcher Beziehung stehen die uns heute vertrauten Formen christlich-kirchlichen Lebens zu jenen Anfängen, die in den biblischen Schriften dokumentiert sind? In welchen Schritten vollzog sich – wiederum ausgehend vom biblischen Befund – die Entfaltung der christlichen Lehre?
Weitere Durchgänge sind nötig. Einer müßte sich noch einmal eingehend mit der Gestalt des Jesus aus Nazareth befassen, den die ersten Christen als Messias bekannten und von dem spätere Bekenntnisse der Kirche verkünden: *Gott von Gott, Licht vom Licht, wahrer Gott vom wahren Gott, gezeugt, nicht geschaffen, eines Wesens mit dem Vater ...* Ein anderer Durchgang müßte sich der Kirche zuwenden, den Formen, die sie sich gegeben hat, ihrem Selbstverständnis, ihrer Geschichte. Die Bibliothek, um die es hier geht, steht uns offen. Es bedarf nicht erst der Sensationsmeldungen von Nachrichtenmagazinen, um sie für uns zu öffnen. Die Entschlüsselung ihrer Geheimnisse hängt allein an unserer Neugier, unserem Interesse.

Literaturhinweise

Wer dieses Buch sinnvoll lesen will, muß eine Bibel aufgeschlagen daneben liegen haben. Bei den Zitaten folge ich im wesentlichen der Lutherbibel. Ich empfehle: *Stuttgarter Erklärungsbibel. Lutherbibel mit Einführungen und Erklärungen.* Selbstverständlich ist die Benutzung anderer Übersetzungen möglich und nützlich. Zum Beispiel: *Die Heilige Schrift. Einheitsübersetzung – Kommentiert. Stuttgart 1992.* Oder: *Neue Jerusalemer Bibel. Altes und Neues Testament. Einheitsübersetzung mit dem neu bearbeiteten und erweiterten Kommentar der Jerusalemer Bibel. Hg. von Alfons Deißler und Anton Vögtle in Verbindung mit Johannes M. Nützel. Freiburg/Br.* ^{7}*1995.* Hilfreich ist auch der Gebrauch einer Konkordanz: *Große Konkordanz zur Lutherbibel. Stuttgart 31993.* Für die Beschäftigung mit den Evangelien empfiehlt sich die Benutzung einer deutschen Synopse: *Carl Heinz Peisker, Neue Luther Evangelien-Synopse, 1991; ders., Evangelien-Synopse zur Einheitsübersetzung, 31994.* Für die Vertiefung in den Gegenstand ist ein Bibel-Atlas unentbehrlich: *James W. Pritchard/Othmar Kehl (Hg.), Herders großer Bibel-Atlas, Freiburg/Br. 1989.* Oder: *Helmut Burkhardt/Fritz Laubach/Gerhard Maier (Hg.), Der Neue Bibelatlas. Wuppertal 1992.* Oder: *Stuttgarter Bibelaltlas. Historische Karten der biblischen Welt.* Im übrigen ist die Zahl der Einführungen, Sach- und Studienbücher, Lexika und anderen Hilfsmitteln unüberschaubar. Im folgenden eine kleine Auswahl von Titeln, die auch für Leserinnen und Leser ohne spezifische Vorbildung brauchbar sind:

Diego Arenhoevel, So wurde Bibel. Sachbuch zum Alten Testament. Stuttgart ^{5}1986. – Matthias Augustin/Jürgen Kegler, Bibelkunde des Alten Testaments. Ein Arbeitsbuch. Gütersloh 1987. – Ingo Baldermann, Einführung in die Bibel (UTB 1486). Göttingen ^{4}1993. – Johannes B. Bauer, Bibeltheologisches Wörterbuch. Graz 21994. – Jürgen Becker, Paulus. Der Apostel der Völker. Tübingen 21992. – Jürgen Becker, Jesus von Nazareth (de Gruyter Lehrbuch). Berlin 1995. – Günther Bornkamm, Paulus (Urban-Taschenbücher 119). Stuttgart ^{7}1993. – Günther Bornkamm, Jesus von Nazareth (Urban-Taschenbücher 19). Stuttgart ^{15}1995. – Klaus Michael Bull, Bibelkunde des Neuen Testaments. Überblicke, Themakapitel, Glossar. Neukirchen-Vluyn 1997. – Calwer Bibellexikon. Sonderausgabe. Stuttgart ^{6}1989. – Hans Conzelmann/Andreas Lindemann, Arbeitsbuch zum Neuen Testament (UTB 52). Tübingen ^{11}1995. – Christoph Dohmen/Thomas Söding (Hg.), Eine Bibel – zwei Testamente. Positionen biblischer

Theologie. Paderborn 1995. – Christoph Dohmen, Vom Umgang mit dem Alten Testament. Stuttgart 1995. – Herbert Haag, Biblisches Wörterbuch. Aktualisierte Neuausgabe. Freiburg/Br. 1994. – Walter Kirchschläger, Einführung in das Neue Testament. Begegnung mit der Bibel. Stuttgart 1994. – Kleines Stuttgarter Bibel-Lexikon. Stuttgart ^{5}1993. – Bernhard Lang, Die Bibel. Eine kritische Einführung (UTB 1594). ^{2}1994. – Gerhard Lohfink, Jetzt verstehe ich die Bibel. Sachbuch zur Formkritik. Stuttgart 1992. – Ralf Luther, Neutestamentliches Wörterbuch. Eine Einführung in Sprache und Sinn der urchristlichen Schriften (GTB 27). Gütersloh ^{6}1989. – Helmut Merkel, Bibelkunde des Neuen Testaments. Ein Arbeitsbuch. Gütersloh ^{4}1992. – Martin Metzger, Grundriß der Geschichte Israels. Neukirchener Studienbücher. Bd. 2. Neukirchen-Vluyn ^{9}1994. – Peter Müller, »Verstehst du auch, was du liest?« Lesen und Verstehen im Neuen Testament. Darmstadt 1994. – Felix Porsch, Kleine Theologie des Neuen Testaments. Begegnung mit der Bibel. Stuttgart 1995. – Dietrich Preuß/Klaus Berger, Bibelkunde des Alten und Neuen Testaments 1/2 (UTB 887/972). Heidelberg. Bd. 1: Altes Testament. ^{5}1993. Bd. 2: Neues Testament. ^{4}1991. – Bo Reicke/Leonhard Rost (Hg.), Biblisch-Historisches Handwörterbuch. 4 Bände. Göttingen 1962-1979. – Jürgen Roloff, Neues Testament. Neukirchener Arbeitsbücher. Neukirchen-Vluyn ^{6}1995. – Martin Rösel, Bibelkunde des Alten Testaments. Die kanonischen und apokryphen Schriften. Überblicke, Themakapitel, Glossar. Neukirchen-Vluyn 1996. – Thomas Söding, Mehr als ein Buch. Die Bibel begreifen. Freiburg/Br. 1995. – Karlheinz Sorger (unter Mitarbeit von Michael Gartmann), Was in der Bibel wichtig ist. Grundthemen des Alten und Neuen Testaments. München ^{2}1994. – Ursula Struppe, Einführung in das Alte Testament. Begegnung mit der Bibel. Stuttgart 1994. – Claus Westermann, Abriß der Bibelkunde. Altes und Neues Testament. Studienausgabe. Stuttgart ^{13}1991.